経営者と研究開発

画期的新薬創出の実証研究

【著】栗原道明

東京 白桃書房 神田

まえがき

　2014年夏の暑い日，教室の窓からはセミの鳴き声が響き渡っていた。神戸大学大学院（経営学研究科博士後期課程）の学生（社会人）として3年目になり，汗を拭きながら博士論文のテーマについて三品和広先生と打ち合わせをしていた。議論がひと段落したところで，三品先生から「栗原さんは当時藤沢薬品工業（2005年に山之内製薬と合併しアステラス製薬）に勤めていたのであれば，藤沢が自社で創薬〜開発した画期的新薬タクロリムスについて，筑波山の土中から偶然発見されたという通説に対し，真実は一体どうであったのか，当時の創薬〜開発の事実を丹念に積み重ね，同時に重要な局面で経営者がどのように関わったのか，経営学の視点からこれらの実証研究に取り組んでみたらどうか」と助言を頂いた。幸い当時の創薬・開発研究者，経営者も健在であり，オーラルヒストリーという学問的手法によりその真実に迫ることは可能であった。

　更に「これらは経営史の視点からも重要であり，後世に伝えるべく歴史的所産として残しておくことにも大きな意味がある」と励ましの言葉を頂いた。

　日本の製薬産業の創薬から開発については私自身としても大きな問題意識を有していた。最近の日本の研究開発力は，医薬品に関していえば一部の企業を除き極めて厳しい状況にある，というのが正確な言い方であろう。iPS細胞の基礎研究等アカデミアでの最先端医療の研究は，欧米に遜色ないとはいうものの，医薬品の創薬については欧米に大きくリードされており，経営者自身が自社での創薬に大きな期待を持たず欧米からの製品導入（企業買収含む）を中心に経営を組み立てている。

　日本の医薬品の創薬が輝いていたのは主に1970年代から2000年前後までの約30年間であり，この時期にはグローバルに通用する多くの新薬（日本

i

発）が上市された。

　その後，2003 年に人類のほぼ全ての遺伝子情報が解明される前後から創薬をとり巻く環境が激変したことは確かである。また，リーマンショック以降の経営者の行動変容（財務中心）や基礎研究に向き合う経営者の姿勢にも大きな変化が見られた。これらは結果として研究者自身のモチベーションにも影響を与えたことは否めない。

　近年の医薬品の新製品の多くは外資系企業によるものであり，それを裏付けるように日本における医薬品の輸入超過額は 2 兆円を超えている。企業がグローバル化する中で海外での生産による輸入分を差し引いても 1 兆 5000 億円以上の輸入超過であり，この額は年々拡大している。更に今後の製品パイプラインをみても圧倒的に外資系企業が保有する新薬候補物質が多い。このまま 10 年もすれば日本の医薬品産業の研究開発は欧米に大きく引き離され，取り返しのつかない状況におかれるという危機感がある。

　日本の製薬産業に関する問題意識と共に，なぜ関西の一企業が世界に通用する画期的新薬（免疫抑制剤）を創薬し，その後多くの困難を乗り超えて開発することができたのか，経営者，研究者へのオーラルヒストリーを通じてその真実に迫り，これらの事例研究から経営者は研究開発にどのように関わるべきなのかについて経営学的な視点から研究を深めてみたいと思ったのが論文執筆のきっかけであった。2015 年 9 月に論文を書き上げ博士課程を修了した後，白桃書房より博士論文をベースにした出版のお話を頂き，多くの人々のご支援のもとで，本書を公刊することができた。

　インタビューさせて頂いた経営者・研究者の皆様に心より厚く御礼を申し上げたい。

　読者の皆様から多くのご批判を頂ければ望外の幸せである。

　　2018 年初夏

著者

目　次

まえがき

第1部　不確実性下における経営の意思決定

第1章 ┃ 本研究の概要 ……………………………………………………… 3

1.1. 本研究の問題意識　3

1.2. 本研究の意義　5

1.3. 医薬品研究開発の事例　5

1.4. 本書の構成　8

第2章 ┃ 先行研究 ……………………………………………………… 11

2.1. 本研究と先行研究との関わりについて　11

2.2. 不確実性下における経営の意思決定：サイモンの理論　12

2.3. 決定の本質モデル：アリソンの理論　16

2.4. イノベーション戦略の論理　19

2.5. 研究開発プロセスにおける経営者の役割　22

2.6. 医薬品の研究開発における重要項目の選定　25

2.7. レビューのまとめ　27

第2部　オーラルヒストリー

第3章 ┃ 方法論の議論 ……………………………………………… 31

3.1. オーラルヒストリーの学問的正当性とその限界について　31

3.2. インタビューにおける技術的側面での留意点　35

3.3. 本研究におけるオーラルヒストリーの適用　36

第4章	研究対象選定の理由

―免疫抑制剤タクロリムス― ････････････････････････ 39

4.1. 免疫抑制剤タクロリムスについて　39

4.2. 免疫抑制剤タクロリムスを研究対象とした理由　42

第5章	分析の枠組みと調査方法	････････････････････ 45

5.1. 分析の枠組み　45

5.2. 分析の切り口　45

5.3. 調査方法　49

5.4. 新医薬品の研究開発についての整理：用語の定義　50

5.5. 本研究の調査協力者（インタビュー対象者）　52

第3部　画期的新薬タクロリムスの創薬・開発と経営者

第6章	新薬創出の背景	･･････････････････････････ 57

6.1. 事例研究の進め方と整理方法　57

6.2. 経営哲学と経営戦略―3代に亘る経営者の理念・戦略―　58

6.3. コア技術の蓄積と発展―発酵へのこだわりと三洋化学の買収―　63

6.4. コア人材の確保と育成―発酵分野における酒井平一の存在―　68

6.5. 東大農学部農芸化学科出身者の発酵グループへの取り込み　73

6.6. 発酵への研究予算の確保と継続的投下
　　―発酵グループが成果を出せない中での経営者の我慢―　75

6.7. セファメジンによる研究開発の飛躍的向上と発酵・合成の連携　77

第7章	テーマ決定と研究環境の整備	････････････････ 83

7.1. 研究指向領域と研究テーマの設定
　　―抗生物質からの脱却と研究テーマを免疫系に設定―　83

7.2. 免疫亢進剤の開発を経て免疫抑制剤の研究へとテーマを決定　84

7.3. 天然物から低分子を分離できる人材の育成　89

7.4. 免疫抑制物質のスクリーニング体系確立　95

7.5. 探索研究所の筑波への移転と新たな組織風土づくり　102

7.6. タクロリムスの発見—天然物の発見—　103

7.7. 抽出精製および物理化学的性質の決定　109

7.8. 初期移植実験　111

7.9. タクロリムスのシード（Seed）承認　113

第8章 プロジェクトの始動と課題克服 ……………………………115

8.1. タクロリムスプロジェクトの始動　115

8.2. 初期に発生した困難な複数のケースとその克服
　　—経口剤の開発へ—　116

8.3. 千葉大学落合武徳講師との出会いと海外学会発表　120

8.4. 一般毒性評価と薬効評価　129

8.5. 血中濃度の測定　132

8.6. 積極的な研究開発資金の投下　136

8.7. 非公式組織の役割　139

8.8. スターツル教授との出会いと継続的なサンプル提供　140

第9章 新薬タクロリムス製造承認，販売 ……………………………147

9.1. タクロリムスの開発候補品としての承認　147

9.2. タクロリムスの海外自社開発・自社販売の意思決定
　　—セファメジンで学んだ教訓と経営者のこだわり—　151

9.3. 米国における肝移植へのタクロリムス投与第1号　159

9.4. ピッツバーグ大学（スターツル教授）での臨床治験開始　161

9.5. 海外での自社開発戦略（米国，欧州）と重要課題のまとめ　164

9.6. 日本での製造承認申請から承認　167

9.7. 米国での承認，販売　168

第4部　研究開発における経営者の役割

第10章 事例研究のまとめと分析 ……………………………………………171

10.1.　事例研究結果の整理：価値的判断　171

10.2.　事例研究結果の整理：事実的判断　177

10.3.　事例研究結果の分析　180

10.3.1.　戦後4人の経営者（社長）が研究開発において果たした
役割の一例　180

10.3.2.　タクロリムス重要局面における経営者の関わり方に
ついて　182

10.3.3.　先行研究と事例研究から導き出された結果との関連について　185

第11章 結論
　―経営者の関わりと今後の課題― ………………………………………191

11.1.　経営者は研究開発にどう関わるべきか　191

11.2.　今後の課題　194

付録1. 臓器移植についての理解 …………………………………………… 197

付録2. タクロリムス　研究開発関連年表 ………………………………… 199

付録3. 人物紹介 ……………………………………………………………… 204

あとがき

参考文献

人名索引・事項索引

第1部

不確実性下における経営の意思決定

第1章 本研究の概要

1.1. 本研究の問題意識

　本書は，研究開発において経営者が果たす役割に光をあてようとするものである。これまで，「経営者」に代えて「研究開発企画」部門や「プロジェクトリーダー」の役割に注目した文献は少なくない。また「研究開発」に代えて「イノベーション」を論じた文献は多い。ところが，「経営者」と「研究開発」の組み合わせとなると，おそらく前例がない。そういった領域に本書は踏み込んでいく。

　「研究開発」の中でも特に先端科学における研究開発は，高い専門性とともに，通常その中核部分は門外不出で厚いベールでおおわれている。ようするに内部の人間しか踏み込めない世界であり，同時に研究開発の成果は長い年月をかけなければ評価が難しく，成功か失敗かという賭けともいえる性格上，経営学のメインストリームからは遠くに位置していたというのが実態である。また，従来経営学が取り組んできたものの中に，「技術開発」に関する研究は少なからず存在するが，本書で対象とする「研究開発」そのものは，時間の流れ方もこれらとは全く異なり別のところに位置しているといっても過言ではない。「技術開発」と「研究開発」は，時間軸，不確実性，想定されるリスク，基礎，応用含め似て非なるものである。

　具体的に，『組織科学[1]』で「研究開発」に関する研究論文をここ十数年に

1　組織学会が編集している学術雑誌。1967年に創刊，年4回刊行されており，組織論や経営学の分野で日本における最先端の研究論文が掲載されている。

第1部　不確実性下における経営の意思決定

さかのぼって検証してみると，前述に加えて研究所内組織の在り方や，研究員のリーダーシップ，研究員同士のコミュニケーション等，組織論の視点からの研究アプローチは存在するものの，経営者が研究開発にどのように関わるべきかの論文は見あたらない。また，財務的視点で，研究開発投資額や投資水準，研究開発比率について経営者としてどう考えるのかという研究は多く見られるものの，本筋である研究開発そのものに経営者がどのように関わるのかはあまり議論された形跡がない。過去，新製品の開発に関する研究については多くの研究蓄積があり，それらについての優れたレビューも多数存在（Adams, Bessant & Phelps, 2006; 青島, 1997; Brown & Eisenhardt, 1995; Ernst, 2002; Johne & Snelson, 1988; 藤本, 2002; 川上, 2005; Krishnan & Ulrich, 2001; 桑島, 2002; Montoya-Weiss & Calantone, 1994）しているが，経営の担い手である経営者そのものが研究開発にどう関わり合うのかについての研究はほとんど見当たらないのである。海外文献においても同様である。

　研究開発は企業成長のエンジンであり，そこから出てくる成果物が経営に与えるインパクトが非常に大きくかつ真に経営にとって重要であるならば，これには経営者が当然関心を持ってしかるべきであり，また経営者は研究開発プロセスにどのように関わりうるのかというところが根源的な課題としてとらえられる必要がある。従来経営学における研究対象としては経営戦略，マーケティング，販売，組織，生産等の目に見えるものや「事実的判断[2]」が比較的可能なものに関しては多くの議論や研究がなされてきたが，研究開発における意思決定は不確実性下における意思決定であり，「事実的判断」に加えて，「価値的判断[3]」をどう行うか，ということがそれ以上に重要な要素であり，生命線といえるのである。

　たとえば，中長期的な視点で研究指向領域をどう設定するか，またそのためのコア技術や，コア人材の確保，アカデミア[4]との強力なネットワーク構築は，「価値的判断」の中で行われる要素が強く，同じく研究開発プロセス

2　一般に，客観的，経験的な視点より行う判断，また科学的に説明が可能な判断，詳細は後述。
3　経営者の哲学，理念，価値観など，人によって異なる価値的な要素によって行う判断。詳細は後述。
4　大学等の研究機関。

4

において，開発候補品を次の開発ステージへ進めるか中止するかの重要判断
や，海外戦略展開の意思決定等も「価値的判断」の中で行われる要素が強
い。これらは経営者の役割として，とても大きなものの1つである。

1.2. 本研究の意義

研究開発は長期にわたるものであり，経営者がこの研究開発にどのように
関与し向かい合うべきなのか，これについての解明が今求められている。事
例研究に基づきこれらの課題を深掘りし，本質を明らかにしてみたいという
のが，筆者の強い問題意識である。

そこではじめに，上記の問題意識を，研究開発プロセスという極めて不確
実な状況下において，経営者はどのように意思決定を行うのか，すなわち
「不確実性下における意思決定の問題」という研究課題への落とし込みを行
う。その後，本書では事例として「医薬品の研究開発」を取り上げ，「画期
的新薬の創薬〜開発の具体的事例」について，経営学の視点からこれらの実
証研究に取り組み，不確実な状況下，経営者がどの時点で，どの経営課題
に，どのように関わったのかについて掘り下げ検討を加える。これらの後，
経営者と研究開発についての関わり方について考察を行う。あわせて本事例
研究は，経営史の視点からも，「後世に伝えるべく歴史的所産」として大き
な意義があると思われるため，その点についても触れていく。

1.3. 医薬品研究開発の事例

研究開発に関しては自動車，機械，電気，コンピュータをはじめとして多
様な分野が存在するが，本書では題材として医薬品の研究開発を取り上げる。
具体的な事例研究として「画期的新医薬品の研究開発」を取り上げ，経営者
と研究開発との関わりについて研究を深める。医薬品業界を取り上げる理由
については，医薬品業界における業績はR&D（研究開発：Research &

Development）にクリティカルに依存しており，極めて重要な事項であるにもかかわらず，医薬品の研究開発は専門性が高く，また不確実性下でのGo or No go[5]の判断を迫られ，経営者が関与しにくいという性格を有し，同時に経営的な関与が難しいと思われるからである。

医薬品の研究開発は，経営者の関与において最も遠いところに位置しているからに他ならない。もちろん経営者として人件費を含めた研究開発費という資源配分に関してマクロな形で関与することはあるが，それ以外の専門的な部分について関与することは，一般的には難しいのが実態かと思われる。しかし研究開発にはまさに社運がかかっており，「あなたたちは好きにやって，何かものを出してください」などという次元ではないのである。

医薬品の研究開発に関しては現在日本の製薬企業は一部を除き，多くの企業が革新的新薬を創出できずに苦しんでいる。日本の製薬産業の歴史は，欧米の化学工業（工業資本）を出発点とするものとは異なり，明治以降，商業資本から出発し，戦前は主に大衆薬（通常OTC薬）を，戦後もビタミン剤や栄養剤等の販売を中心に事業展開されてきた。このような長年にわたって築かれた商習慣，しきたりなどの内面は急に変化するものではなく，明治・大正を経て国民皆保険制度がスタートする1961年頃まで，日本の製薬産業は海外からの輸入医薬品を販売する薬問屋の性格から脱しきれないでいた。

国民皆保険実施後，多くの企業が従来の大衆薬路線から医療用医薬品の研究へ重点をシフトさせ，自社独自の研究開発を開始，日本の製薬産業が本格的にスタートする。これは，欧米から遅れること約100年後のことである。それ以降，欧米製品の積極的な導入とともに，自社への研究開発投資を行い，それらの芽が徐々に花開いた，1970年前後から2000年前後くらいまでの約30年間を「日本の製薬産業の研究開発黄金期[6]」と呼ぶこともできる。この時期は日本の製薬企業のグローバルに通用する自社新製品が相次いで創薬，開発された時期である。製品でいえば，革新的新薬の1つであるヘルベッサー（カルシウム拮抗剤［高血圧治療薬］：旧田辺製薬）をはじめ，メバロチン（HMGCoA還元酵素阻害剤［脂質異常症治療薬］：旧三共製薬），

5　医薬品の研究開発プロセスにおけるステージを先に進めるか，中止するかの判断。
6　筆者の見解。

アリセプト（アセチルコリンエステラーゼ阻害剤［アルツハイマー型認知症における症状進行抑制薬］：エーザイ），リュープリン（LH-RH アゴニスト製剤［前立腺癌治療薬］：武田薬品），クラビット（ニューキノロン系合成抗菌剤［殺菌的に作用する合成抗菌剤］：旧第一製薬），ガスター（ヒスタミン H_2 受容体拮抗薬［消化性潰瘍治療薬］：旧山之内製薬），そして戦後はじめて厚生省[7]より画期的新薬と正式に認定されたプログラフ（免疫抑制剤タクロリムス：旧藤沢薬品工業株式会社[8]〈以下藤沢薬品もしくは藤沢[9]〉），ラジカット（脳塞栓急性期治療剤：旧三菱東京製薬），ミカファンギン（キャンディン系抗真菌薬［深在性真菌症治療薬］：旧藤沢薬品）がある。

　この時期に共通していることは，各社の研究開発においては自由に好きなことをさせるという組織風土があったことである。しかしながら前述の通り，現在日本の製薬企業は一部を除き，多くの企業が革新的新薬を創出できずに苦しんでいる。それには，医薬品の研究開発をめぐる内外の環境変化をはじめさまざまな理由が存在するが，過去，研究開発の効率性・生産性向上のもと研究管理，研究企画等に重点が置かれてきており，「事実的判断」にウエイトが置かれすぎたことも一因である。

　経営学と研究開発はその両極端に位置し，経営者がどのように研究開発に関わるべきかについては過去真剣に議論されてこなかった。むしろ極めて専門性の高い研究開発には経営者はあまり関わらないケースが多い。もちろん財務的な視点から，研究開発比率をどの程度にすべきか等については多くの関心を有しているが，研究開発そのものには関心が少ない。この問題を突き詰めていくと，それはまさに不確実性下における適切な意思決定そのものにつながるのである。

　本書では，実際に行われた画期的な新薬の研究開発過程を１つの事例研究として取り上げる。これらの事例研究を通じて，①医薬品の研究開発における経営者の役割の解明，すなわち，経営者がサイエンスとビジネスの狭間で，どのようにバランスを取りながら意思決定をしたのか，②三層構造（研

7　現厚生労働省。
8　2005 年 4 月に山之内製薬と合併しアステラス製薬となる。
9　会社名は"藤沢"で，2 代目社長・4 代目社長の姓は"藤澤"。

究マネジメント，研究本部長，経営者）の相互関係の実証的解明。さらには
③研究開発過程に深く入りこみ，画期的新薬の発見に絡む真実はどうであっ
たのかについても検討する。上記3点の研究課題について，手法としては一
次資料とともにオーラルヒストリー[10]を通じてその関わりを明らかにする。
なお，オーラルヒストリーについては，第3章でその正当性と限界について
記述する。

1.4. 本書の構成

　はじめに，第1章では本研究の問題意識と研究課題の概要を示す。問題意
識は「経営者は研究開発にどのように関わりうるのか」ということであり，
これらを不確実性下における意思決定の問題として，さらに2つの研究課題
へと落とし込む。これを受けて第2章では先行研究レビューを行い，研究課
題を先行研究の中でより精緻化する。特に画期的な新製品の研究開発におけ
る経営者の意思決定は，不確実性下の意思決定に関する研究として，関連す
る先行研究を取り上げる。

　第3章では，方法論についての議論を行う。今回は手法としてオーラルヒ
ストリーを採用するが，この手法の正当性と限界について論じる。オーラル
ヒストリー，すなわち綿密なインタビュー記録による研究方法は，第二次世
界大戦後に本格的に学術分野として確立されたが，この限界を十分認識した
上で今回の研究を深めていく。

　続く第4章では，経営者と研究開発についての研究を深めるにあたり，な
ぜ画期的新薬である免疫抑制剤タクロリムスを取り上げたのか，について言
及する。本研究の主要課題である「経営者が研究開発にどのように関わりう
るのか」についての研究を進めるにあたり，医薬品の研究開発は一般消費財
と比べて研究期間，成功確率，さまざまなリスク等かなり特殊な世界であ
り，ここにおける経営者の役割を浮き彫りにすることで学術的貢献が可能に

---

10 綿密なインタビュー記録による研究方法，質的方法論一般の中でも特定の調査法であり，第2次世界大戦
　　後に本格的に学術分野として確立された。この研究方法の正当性と限界については，第3章にて詳細記述。

なるのではと考えている。

　免疫抑制剤タクロリムスは，1984年3月に藤沢薬品の探索研究所（筑波）で筑波山麓の土壌から天然物として発見され，製品化されるまでに総勢100名を超えるメンバーと経営者が関わり合い，約20の重要局面においてドロップアウト寸前までを何回も経験しながら最終的に製品化され，厚生省（現厚生労働省）から1993年4月に画期的新薬と認定され製造承認を受けた。戦後日本国内において画期的新薬として認定された数品目の内の1つであり，現在100を超える世界の国々で，多くの臓器移植患者を救うことに貢献している。グローバルでの販売額は年間約2000億円[11]であり，発売以降の総売上は，累計数兆円に及ぶと推計される。当時筆者は藤沢薬品に勤務しており，この発見から開発に関わった担当者，研究マネジメント，社長と少なからぬ知己を得ており，綿密なインタビューと一次資料の入手が可能であったことも，事例としてタクロリムスを選択した理由である。

　第5章では分析の枠組みと調査方法・調査協力者について記述する。そして第6章から9章までは，第5章の分析の枠組みと調査方法に基づき，タクロリムスの創薬から開発に関わったキーマン十数名（社長2名を含む）に綿密なインタビューを行う。インタビュー時間は述べ50時間を超えるものである。これらのオーラルヒストリーと一次資料の精査を通じて，経営者はこの研究開発にどう関わりあったのか，また，先が見えない不確実性下において何をよりどころとして意思決定を行ったのか，経営者と研究本部長，研究マネジメントはどのように関わりあったのかを検証する。第10章では事例研究のまとめと分析を行い，第11章では結論と今後の課題について論じる。

---

11 2018年3月期決算に関する会社HPより。

第2章 先行研究

2.1. 本研究と先行研究との関わりについて

　ここでは，先行研究のレビューを行い，既存の研究蓄積を整理した上で本書が取り組むべき課題を明らかにする。記述にあたっては，実際にこれらが本研究とどのように関わるのかという視点より検討する。画期的新薬の創薬から開発における経営者の研究開発への関わり方について，はじめに意思決定論の視点より，先行研究としてサイモン（Simon, H. A.）の『経営行動』（Simon, 1947）と，『意思決定と合理性』（Simon, 1983），およびアリソン（Allison, G. T.）の『決定の本質』（邦訳, 1977）について取り上げる。次に，本研究の対象である医薬品の研究開発は，通常の消費財の研究開発とは異なり，研究期間が長期に及ぶ中で極めて成功確率が低く，特殊性が強いものであるため，画期的新薬の創薬から開発に関して，これらを可能にする技術，組織という視点より，原田の『イノベーション戦略の論理』（2014）を取り上げる。また，経営者の研究開発への関わり方に関して，Leslie の論文「GMの研究員 Thomas Midgley を引き合いに出す中で，経営者の役割の重要性を説く先行研究」（1980）を取り上げる。その後，政策研究大学院大学編の『村田昭[1]（株式会社村田製作所名誉会長）のオーラル・ヒストリー』（2004）と，三品の『経営は十年にして成らず』（2005）で田辺製薬の元社長である平林忠雄のケースを確認する。

---

1 村田製作所の創業者。

2.2. 不確実性下における経営の意思決定：サイモンの理論

　不確実性下における意思決定については，サイモンの研究蓄積がある。サイモンは，バーナード（Barnard, C. I.）と並び称される組織論，意思決定論の巨匠であり，1978年には組織における意思決定プロセスの研究でノーベル経済学賞を受賞している。この分野の代表作が本章で取り上げる『経営行動』（Simon, 1947）である。これによれば，経営における意思決定とは，特定の目標を達成するために，ある状況において複数の代替案から最善の解を求めようとする行為である。そして意思決定には，「価値的」と「事実的」と呼ばれる2種類の要素が含まれる。また意思決定にはその前提（premise）があるが，この前提にも価値的なものと事実的なものがあり，たとえば目標（goal）は，サイモンによれば，意思決定に対するインプットとして提供される価値的前提である。「事実的な要素」については，客観的，経験的にその正しさがわかるが，「価値的な要素」については，人によってその正しさは異なることとなる。サイモンの大きな特徴は，意思決定における価値的な要素と事実的な要素とを区別したことである。事実的な要素の正当性は，それが事実と一致することによって実証される。すなわちそれは科学的に証明することができるのに対し，価値的な要素の正当性は人間が認可，裁可することによって認められる，すなわち人によって判断が異なってくるという違いがある。このような区別を明らかにすることで，サイモンは意思決定という経営課題を科学的に分析し説明する道を拓いたのである。

　バーナードはその著『経営者の役割』（Barnard, 1938）の中で，意思決定には①機会主義的，合理主義的要素と，②道徳的要素（moral element）が含まれることを主張した。サイモンもこの考え方を肯定している。意思決定に導く前提条件としての価値的前提であるが，この価値的について代表的なものに経営理念がある。経営理念は経営者が企業経営に対して持つ基本的な価値，信念，態度や行動基準であり，それは経営哲学（management philosophy）ともいわれる。ただ経営理念は会社の社是や基本方針，あるいは経営信条（management creed）として明文化されている場合もあるが，経営

第 2 章 先行研究

者の哲学としては明文化されていない場合も多い。すなわち経営理念とは，経営者の価値観や経営態度という価値的前提の上に形成された半永久的，恒常的な経営目的を指している場合が多く，それは環境の変化によって短期的には変わらないことを特徴としている。「製品の革新と品質の向上によって消費者利益の増進をはかる」「活力にあふれた生きがいの組織をつくる」「人材育成主義の経営をモットーとする」などの経営理念はすべて経営者の価値，信条を反映して形成された半永久的，恒常的な経営目的をなしている。今回の画期的新薬タクロリムスの創薬から開発の過程において，経営者は価値的判断と事実的判断とにどのように関わりあったのか，これについては先行研究と照らし合わせて検証を進める。

これらの概念を整理したものを図 2.1 として示す。

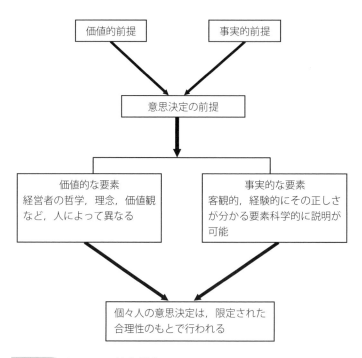

図 2.1 Simon の基本概念　　　　　　　　　　　　　　　　筆者作成

第1部　不確実性下における経営の意思決定

　『経営行動』によれば，組織とは「意思決定とその実行のプロセスを含めた，人間集団におけるコミュニケーション及び関係のパターン」であり，さらに「相互関係を持つ役割のシステム」でもある。メンバーである人間とその相互のシステムとしての関係に注目しているのがサイモンの組織論である。サイモンは，アメリカの行政学者ギューリック（Gulick, L. H.）やイギリスの経営学者アーウィック（Urwick, L. F.）らの古典的組織論，すなわち能率的な組織は，①専門化，②命令の一元化，③統制の幅（コントロールのスパン）の適正化，④目的別，プロセス別，顧客別，場所別の組織化などの「原則」に基づくことによりつくることができるという考え方について，これらの原則は矛盾を含んでおり，また職能と権限のラインだけで組織を記述することは不十分であると批判した。そして従来経営というと「何かを行うことだ」と考えられ，その行為を行おうという選択，すなわち「意思決定」に目を向けてこなかったことに疑問を投げかけ，組織の科学的な記述のためには意思決定についての分析が必要であるとして，その研究の必要性を強調した。

　サイモンは意思決定の説明にあたって，価値的要素と事実的要素の区分，さらには人間の「限定合理性」や「満足化」という概念を用い，これが現実をうまく説明するものであることが認められて，科学としての意思決定論の確立に大きく貢献した。組織における意思決定，行動選択は経営者1人が行うわけではなく，さまざまなレベルで行われるのであり，ヒエラルキー構造になっている。すなわちあるレベルでの選択・行動により目的が達成されると，そのすぐ上のレベルでこれを手段としてさらに選択・行動がなされ，目的が達成され，さらにこれを手段としてその上のレベルで，というように選択と行動が繰り返されることとなる。

　またサイモンは組織とは，「複雑性と不確実性とに囲まれて理解し計算する人間能力の限界に対処するための1つの機構である」と述べている。このような経営人の選択は，分析・熟考するというよりも，「刺激に対する反応」に近いレベルで行われることも多い。ある意味直感的な判断ということになるが，サイモンは直感を軽視してはならないと指摘している。もちろん単なる感情に動かされた直感による意思決定は適切なものとはいえないが，一般

に熟達した経営者の直感は，学習および経験の産物といえるのであり，直感的な判断を分析的な判断と対比させて，前者は非合理で後者の方が望ましいものである，と考えることは間違っている，と指摘する。そもそも有能な経営者に，直感か分析か，いずれのアプローチを取ろうかなどと考えている余裕はないのであり，価値的前提と事実的前提とに依拠しつつ，自ずと意思決定されているものである。これは，いわば暗黙知（言葉にされていない知）と形式知（言葉や数式などで表現できる知）のような関係にあるものといってよいかもしれないが，いずれにせよこれらはどちらも重要である，と述べている。そしてサイモンは，バーナードと同様に組織の効果的な運営のためには非公式組織が必要である，と指摘している。すなわち権限のラインに基づく公式組織の運営は，組織内の個人的な人間関係に基づく非公式組織を伴うことにより効果的になると述べている。

　この個々人の意思決定への組織の影響力行使において大きな役割を果たすものにコミュニケーションがあるが，これは「組織のあるメンバーから別のメンバーに決定の諸前提を伝達するあらゆるプロセス」のことであり，ラインに従って上下に行われる以外に左右に行われるものがある。組織におけるコミュニケーションの重要性を指摘したのはバーナードであり，サイモンはこれを引き継いでいるのだが，彼は権限のチャンネルとコミュニケーションのチャンネルとを同一視したバーナードの見方は必ずしも事実と合致していないと指摘している。サイモンによれば，コミュニケーションの公式のシステムは，コミュニケーションの非公式なネットワークによって補われる。そしてその際に，組織図には反映されないような自然発生的なリーダーが現れることもある。このような非公式のコミュニケーションは，個人的な目標との関係においても意味を持つ。すなわち一般に個人は個人的な動機を有しており，組織の目標のみならずある程度は個人的な目標をも目指すものであるが，これを公式のコミュニケーションシステムでは吸収できない場合があり，ここにおいて非公式のコミュニケーションシステムが機能し，組織も個人も成長することとなる。

　サイモンは論理的，科学的に，従来の組織論に欠けていた意思決定の分析に重点を置き，人間の合理性の制約を前提に，組織的な意思決定による合理

性向上のプロセスを説明した。そして組織がより望ましい選択肢を選択する意思決定を積み重ねていくことにより，よりよい経営が実現し，組織も存続・成長していくと考えた。バーナードによれば，組織は誘因以上の貢献を引き出すことができればうまくいくのであり，経営者は誘因と貢献のバランスを取ることが不可欠になる。サイモンによれば，組織は，個々人の合理性に制約がある中で，より望ましい選択を積み重ねることができればうまくいくのであり，経営者は合理的意思決定の環境整備が不可欠になるということである。サイモンの方が，意思決定において組織力を引き出す経営者の構想・調整能力により期待しているようにも思われるが，バーナードが組織力を重視していないというわけではなく，実際の経営への適用を考えれば両者の主張はその局面状況に応じて，臨機応変に，ウエイト付けを変えながら適用していくということである。

　以上，不確実性下における意思決定と経営者の役割についてサイモンの主張を中心に述べてきたが，これらの基本概念を活用し，後の分析の枠組みに適用する。すなわちタクロリムスの事例研究において，意思決定項目を「価値的判断項目」と「事実的判断項目」に分け，経営者はどのように関わったのかの検証を進める。

2.3. 決定の本質 モデル：アリソンの理論

　次に不確実性下における意思決定として，ここでは，アリソンの著書である『決定の本質』（1977）を検討する。Allison（邦訳，1977）は第1のモデル，第2のモデル，第3のモデルでキューバ危機を分析したものである。このキューバ危機とは，1962年10月14日から28日までの14日間にわたって，米ソ間の冷戦の緊張が核戦争寸前まで達した危機的な状況のことである。アリソンは，このアメリカとソ連との間で起きたキューバ危機を題材に，「合理的行為者」，「組織過程」そして「政府内政治」という3種類のモデル・分析枠組を提示し，実証分析を行っている。

　第1のモデル「合理的行為者」は現実主義の枠組みを応用したものであ

り，問題の客観的認識，国家目標の優先順位の明確化，あらゆる手段の提示，最適手段の選択という前提を持つモデルである。すなわち国際政治における国家を，単一の合理的な主体としてとらえる分析視点である。換言すれば国家を擬人化し，ある国家の行動を考察しようとするものである。そこには合理的行為者である国家や政府は目的や目標に向かって合理的に戦略を立て，選択肢を選び取り，それらを最大化するものであるという理論的前提がある。このモデルによれば，キューバ危機におけるアメリカの海上封鎖という決定は，キューバに対する戦略爆撃や着上陸作戦と比して最適の選択肢であったと説明することができる。アリソンは対外問題を考える際，『決定の本質』が出版されるまではこのモデルをほとんどの人たちが用いてきたとしている。

　第2のモデルとしてアリソンは，政策の決定過程を組織内部に求める「組織過程」を提唱している。このモデルでは対外政策の主体は国家ではなく，諸々の政府組織がそれぞれ行為者となる。すなわち，その組織的な活動は，受諾可能な行動に対する拘束，目標への連続的考慮，標準作業手続，不確定性の回避，問題指向的探索などの特徴を持つ。

　つまり，第2モデルは，これまでの合理的に選択肢を選び取るという第1のモデルの政府像に対して，上記のような戦略に従って別の視角を提示する。政府というのは一枚岩の主体ではなく，それぞれのミッションを担った組織の集合体である。よってその政策アウトプットは，それまでに組織内で確立されてきた標準的な作業手続き（SOP：standard operating procedure），ルーティンが反映されるというものである。

　第3のモデルとしてアリソンは，政府内政治を提唱している。ここでは組織をさらに細分化して観察する理論的立場を採用し，組織内で役職に就いている人間の相互の駆け引きの結果として政策が決定されると論じている。アリソンはキューバ危機に対する対外政策の決定に関与した人間について，アメリカ大統領，副大統領，国務長官，国防長官，中央情報局長官，統合参謀本部議長，大統領補佐官など33名を列挙しており，ソ連においても19名が関与したと指摘している。このモデルでは，組織は役職に就いている人間の集合体であるとの認識のもと，政府の政策行為・アウトプットはそうした役

職者たちの影響力行使，駆け引きなどの「政治」の結果である，と説明される。役職者たちの目標や考え方は一様ではない。そこに駆け引きや競争が生じる素地がある。トップエリートが政策決定に関して絶大な力を有しているとも一概にはいえない。ここでは，第1のモデルが想定するような単一的な組織やその目標などは存在せず，合理的に選択肢が選び取られるということはないとされる。第2のモデルが示すような，組織のルーティンでもない。政府の行為を決定づけるのは，組織内役職者の影響力や政治的リソース，技量である，と考えるのがこの第3のモデルである。

　アリソンは，1つの事例に対して，これら3つのモデルがもたらす見解に相違が明らかに存在することを指摘している。それぞれのモデルが重要視する諸要因の差異は，何が重要であるかについての判断の相違を明らかにする。

　Allison（邦訳，1977）が，それまであまり意識されてこなかった（学問研究においてさえも），視角，分析の枠組みが異なることによる認識や分析結果の違いを明らかにしつつモデル化し，その重要性を提唱した意義は大きい。複数のモデルによる概念レンズを用いて分析を行うことは，素材をただ積み上げるだけの学問研究を回避し，それが目指すべき一般化や抽象化，普遍化を促がすものである。一方で，これらのモデルは実証研究に用いられるため，過度の抽象化を避けることも可能となる。アリソンは3つのモデルをキューバ危機という同一の事例に適用し，新たな回答を，あるいは仮説を打ちたてることに成功しており，キューバ危機の謎を探るという当初の目的においても一定の成果を挙げている。視角，枠組みの違うそれぞれのモデルを用いて，そのいずれからも謎に迫り得た意義は大きいと考える。

　本書の事例研究で対象とする「免疫抑制剤タクロリムス」については，創薬から開発・製品化までに実に20を超える重要局面があり，総勢100名近い人々が関わった。また，その各局面において，研究マネジメント，研究本部長，トップ（経営者）がそれぞれの立場で，それぞれのレベルの意思決定に関わった。当時，臓器移植において必要とされる免疫抑制剤の国内市場はわずかであり，第1のモデルによる合理的行為者であれば，開発ステージを進めるという行為，すなわちGoという意思決定は考えにくい。また，第2

のモデルの組織的なルーティンに則って形成・実施された場合には，当時の藤沢は免疫抑制剤の開発ノウハウが全くなく，海外の自社開発，自社販売はリスクが高く，結果として他社への開発・販売委託という意思決定がなされた可能性が強いと思われる。しかしながら，ここでも組織的ルーティンに沿って意思決定はなされていないのである。詳細事例と考察は後述するが，これら意思決定の真実に迫るには，この第3のモデルすなわち組織内役職者の影響力や政治的側面，技量を分析のフレームワークとして適用することが望ましいと考える。

2.4. イノベーション戦略の論理

　原田は『イノベーション戦略の論理』（2014）の中で，イノベーション戦略の論理とは，短期的な成功，失敗を判断基準にするのではなく，事前の成功確率によってその合理性を判断すべきであると述べた。結果によって判断するのではなく，事前の成功確率によって現在の戦略の良し悪しを評価するというものである。経営者は不確実性な環境下，なぜそのような意思決定をしたのか。事前に成功確率をどの程度見ていたのか。原田（2014）は企業の保有する，または保有していなくても活用できる技術を，コア技術，補完技

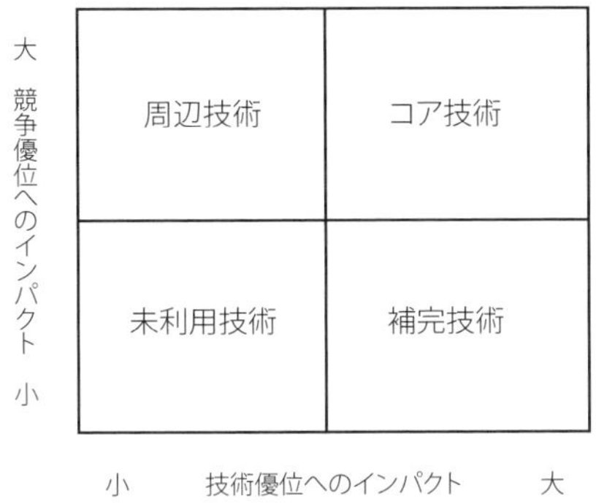

図 2.2 技術の階層　　　筆者作成

術，周辺技術，未利用技術の4つに分類している（図2.2参照）。これらの要素技術は，同質的なものではなく異質であり，なおかつ要素技術間には階層性，序列が存在する。これらを組織能力構築という観点から，①技術優位へのインパクト，②競争優位へのインパクトの2つの軸で分類する。コア技術とは，技術優位，競争優位へのインパクトがともに大きい要素技術を指し，たとえばシャープでいえば液晶技術であり，村田製作所にとっては機能性セラミックスの合成技術がそれに相当する。

　このコア技術は，企業の組織能力にとってまさに中核的な位置を占める最重要の要素技術になる。他方このコア技術は競争優位にも大きく貢献する。ここでの競争優位の源泉は多くの場合技術優位であり，他社が技術的に模倣することができないがゆえに，競争優位を獲得することができる。

　補完技術とは，技術優位へのインパクトは大きいけれども競争優位への直接的なインパクトはあまり大きくない要素技術を指す。たとえばデジタル技術に対するアナログ技術がそれに相当する。アナログ技術は製品の多機能化，小型化，省エネ化を可能にする極めて重要な要素技術ではあるが，これ自体競争優位に大きく影響するわけではない。補完技術は競争優位には直結しないため，コア技術ほどの優先度で資源配分を受けることはないが，技術優位には大きく貢献するため，補完技術の技術水準を維持することが重要な課題となる。ただし技術ダイナミックスという観点からすると，この補完技術をいかにしてコア技術へと昇格させるのかという視点がより重視されなければならないと述べている。

　また周辺技術とは技術優位へのインパクトは小さい反面，競争優位へのインパクトは大きい要素技術を指す。技術優位はないため，外部の業者からアウトソーシングで調達されることが多い。この典型的な例がハード製品に対するソフトウエアである。ハード製品にとって，それと補完的なソフトウエアがいかなるものであろうとも，ハード製品自体の技術優位には直接的な影響はない。しかしどのようなソフトウエアがそのハードウエアと互換的であり，利用可能なのかという点はハード製品の競争優位には大きな影響を及ぼす。

　未利用技術とは，技術優位・競争優位へのインパクトが小さい要素技術で

あり，これらは組織内で休眠しているか，あるいは組織内には全く存在しな
ことが多い。技術の本質はインプットをアウトプットへと転換する組織能力
であるといっても，それが組織のどこに存在しているのかといえば，基本的
には人にある。組織は人の集まりであり，組織が単一の有機体として行為す
るわけではない。組織能力とは組織が能力を持っているのではなく，それを
構成する複数のメンバーや組織で採用されている制度，仕組み，組織の保有
するデータベース，個々人の仕事のやり方等を通じて組織全体としての能力
が発揮されるのである。

　本書の主題である藤沢薬品のタクロリムスの創薬および開発にとってのコ
ア技術，補完技術，周辺技術，未利用技術は何であったのか。自社にとって
の必要技術をこのように区分することは，自社技術の意味合いを吟味する上
で重要なことである。また，組織能力を発揮することになる個々人，制度，
仕組み等はどのようなものであったのか，それは現場の研究員，研究マネジ
メント層，経営者とどう絡んでいたのか，創薬の分野でどうであったのか，
また開発の分野でどうであったのか，本書ではこれらについても検討を進め
る。

　さらに，医薬品の探索段階では新規化合物発見の確率は数千分の一と極め
て低く不確実性が高い。低確率・高不確実性であるがゆえに，研究開発プロ
セスでは偶然や運が成功に大きな影響を与える。メバロチンやアリセプトの
ケースにおいてもこの要素が大きく，探索段階の第1の特徴としてよく掲げ
られる。

　しかしながらタクロリムスの発見・開発については，偶然や運以外の“何
か”が潜んでいる気がしてならない。タクロリムスの創薬から開発について
も，20を超える重要局面があり，どれか1つでも乗り越えられなければ，
製品化が難しかったといえる。詳細は後述するが，一例を挙げれば，特に日
本国内で移植のマーケットが存在せず，海外での十分なノウハウがない中で
開発を進めることに社内の反対論があり，物質発見の後，これを海外メー
カーにライセンスアウト（販売委託）することも選択肢としてあった中で，
なぜ自前での開発にこだわったのか，それを誰が説得し，どのように進めた

のか，研究マネジメント，研究本部長，経営者のそれぞれの役割はどのような
ものであったのか。これらを本書では明らかにしていきたい。

2.5. 研究開発プロセスにおける経営者の役割

　次に経営者が研究開発にどのように関わるのかを考察したレズリー
(Leslie, S. W.) の論文 "Thomas Midgley and the politics of industrial research"（Leslie, 1980）を見ていこう。これは，GM の経営者である社長と
副社長がどのように研究開発に関わり，成果を挙げたのかを論じたものである。GM の研究員 T. ミグリーは，化学者として 3 つの研究に成功している。
それは「ノッキングを防止するガソリン添加剤」「合成ゴム」「家庭用冷蔵庫
の冷媒」であるが，このうち「合成ゴム」と「冷媒」は 10 年もの長きにわ
たる研究の成果であった。この背景には，GM の社長 A. P. スローンと副社
長の C. F. ケタリングが根気強く彼の研究を支えていたことがあることを，
レズリーは実証している。スローンは採算度外視でミグリーの研究に予算を
投じ続け，他社に研究成果を知られるリスクを承知でミグリーに研究成果を
論文として発表することを認めるなど，一貫して寛容な態度で臨んだ。経営
者は短期的な費用対効果よりも，研究者が自由に研究を進められるような環
境づくりに心を砕くべきだとするのがレズリーの主張である。科学とビジネ
スの両立しにくい部分を両立させなければならない経営者のかじ取りはどう
あるべきか，本研究と通じるものがある。
　研究開発における経営者の役割については，チャンドラーのデュポンの
ケース，豊田グループの創始者である豊田佐吉，シャープの創業者早川徳
次，堀場製作所の創業者堀場雅夫，カネボウの経営者武藤山治，住友化学の
児玉信次郎，村田製作所の創業者村田昭，田辺製薬の元社長である平林忠雄
等のケースが様々に刊行されている。そこでここでは，研究開発における技
術や人材に経営者がどのように関与し，影響を与えていくのかを，政策大学
院大学がまとめた『村田昭（株式会社村田製作所名誉会長）のオーラル・ヒ
ストリー』（2004）を見ていく。

第 2 章　先行研究

　次に医薬品の研究開発には，製品ごとに異なるが一般的に長い期間と多大な投資（前臨床から上市まで 9〜17 年，1 品目数百億円〜1000 億円［高血圧や糖尿病治療薬等グローバル展開する製品］[2]）が必要とされ，その成功確率は他の製品や他産業に比べて圧倒的に低い。有害事象（副作用等）でドロップアウト（開発中止）するリスクも高く，画期的新薬の成功確率はさらに低い。経営者は長期にわたるスパンの中で意思決定しなければならない。その事例として，三品の『経営は十年にして成らず』(2005) の田辺製薬元社長平林忠雄のケースについてもレビューしておく。

　まず，政策研究大学院大学編 (2004) においては，村田昭という経営者が新製品の開発についてどのように関わり，またその選択や判断がどのようなものであったかについて，詳細に語られている。「セラミックフィルタの商品化」について，技術者に開発を指示するものの，途中，技術的な問題で開発を断念せざるを得なくなる。その後，村田は再度，商品化について技術者に強く要請，技術者もそれに応えて一旦は開発に成功する。しかしながら特許の問題が生じ，特許を有しているクレバイト社に村田昭本人が粘り強い交渉を行い，実に 5 年がかりでついに特許の実施権を得，製品化に成功する。「積層コンデンサの商品化」については，はじめは海外で軍事用のものを見つけ，将来は必ず産業用，民間用になると予測し，技術者に開発を指示する。幾多の困難を乗り越えて製品化に成功し，日立製作所に売り込むことに成功するも，その後，積層コンデンサの耐湿不良という問題が発生し，経営者と技術者が一体となってその解決に取り組み，問題を解消する。また時代の進歩とともにセラミック材料・積層コンデンサの材料を新素材に換え，新しい工法を工夫しながら次第に大きなシェアを取るようになった。インタビューの中で，村田は「新製品の成功はそのような努力の積み重ねである」と述べている。また「経営者の判断と技術屋さんの粘り，これがうまく合わんことには物事は成功しない。それを途中で「もうやめとけ」と言ったら，そんで終わりなんです。要は，技術屋さんの粘りと，経営者がそれを許して我慢するというか，そういう判断との兼ね合いで新製品の成否は決まってし

2　製薬協資料（2015 年 5 月）より。

第1部　不確実性下における経営の意思決定

まうんです」と述べている。村田昭のオーラルヒストリーは，経営者はどのように研究開発に関わるべきかということに示唆を与える。

次に，三品（2005）における田辺製薬元社長　平林忠雄のケースであるが，平林は社長就任後の1965年頃から世界に通用する新薬の探索に着手し，カルシウム拮抗薬である塩酸ゼルチアゼム（製品名ヘルベッサー，高血圧治療薬）の開発を手がける。塩酸ゼルチアゼムは，戦後の数少ない革新的新薬の1つである。1969年1月，平林が主宰する会議の議題としてこのテーマが取り上げられ，従来にはない大きな特徴を持つ新薬になる可能性があるとして，平林はその開発を強力に推進し，有効性が確認された後，1973年に日本における製造承認を取得する。その後，従来の薬剤とは異なるメカニズムを持った新しい狭心症治療薬として海外において高い評価を受ける。しかしながらこの海外展開には，塩酸ゼルチアゼムの製造コストの高さが問題になることがあった。その際平林は，「我々は最初からこの製品で儲けようとは思っていない。日本ではじめてカルシウム拮抗薬を開発した我社の研究と技術の高さを世界各国に示すことが出来ればそれで十分である」と語っている。

この，海外で産み出された医薬品を製造しているだけで十分な利益を得ることができた時代に，塩酸ゼルチアゼムの研究開発が行われたことに留意すべきである。売上比率10％の研究開発投資を開始した1955年を起点にすると，実に20年以上の歳月をかけて自ら新しいものを創造し，世界に広めたという点も見逃せない。平林は1956年に代表取締役専務に就任後，アミノ酸開発，合成を指示，1958年にはアミノ酸の合成法が確立される。その後1966年にベンゾチアゼピン誘導体[3]の合成研究開始，業界の通説を否定し，人という資源を蓄積し，これに継続的に資金を投入し続け，成果を得るに至るまで20年以上の期間を要している。アミノ酸への着目や，通説への挑戦，新薬開発への粘り強い取り組みといった平林の行動の裏にある考え方について，彼は自身の言葉で次のように述べている。「日本の医薬品産業でも海外で創られた製品の物真似をしていれば確かに利益を得ることができる。しかし，これでは，会社の発展はなし得ない。したがって田辺製薬では，自社で

3　先に述べた塩酸ゼルチアゼムは，ベンゾチアゼピンの誘導体である。

24

特徴のある製品を作り出す。製品開発を考えた場合，私の頭の中にはスイスのことがある。天然資源が乏しく小さな国であるのに，付加価値の多い時計，薬など精密な機械や化学工業が発達している。日本はスイスに学ぶべきである」。また，平林は「企業の永遠の生命力は企業体内に働く人間あるいは人間集団の中にある」という強い信念を有しており，リーダーとしての強い想いに加えてそれを支える人材の育成にも心血を注いだ。

村田製作所の村田昭，田辺製薬の平林忠雄の経営者としての研究開発への関わり方については，本研究を進めていく上で，押さえておくべき点が多い。

2.6. 医薬品の研究開発における重要項目の選定

経営者の研究開発に関する意思決定には，「中長期的な視点での意思決定項目」と「研究開発プロセスにおいてその都度，発生する意思決定項目」があり，本書では，それらを2つのグループに分類・区分し，検討を進める。「中長期的な視点での意思決定項目」は，経営者が判断する項目として「価値的判断項目」的要素が強く，「研究開発プロセスにおいてその都度，発生する意思決定項目」は，「事実的判断項目」的要素が強い。

研究開発において経営者が判断するための「価値的判断項目」の選定に当たっては，下記の研究（研究開発における重要項目）結果に筆者の見解を加え，考察する。

森下・川上の『技術革新が医薬品開発に与える影響』（2005）によれば，彼らは大手医薬品企業11社の探索研究部門の取締役，執行役員，研究所長，部長クラス11名に対して医薬品の研究開発における重要項目についてインタビュー調査を行っている。複数回答の結果，重要項目は順に「研究指向領域（8名）」「研究者の能力，意識，努力（8名）」「保有する技術，あるいはノウハウ（7名）」「社外研究機関との連携，提携（6名）」「研究環境，設備及び投資金額（研究員数含む）（2名）」であった。

これらの結果をもとに，筆者の見解を追加する。はじめの「研究指向領

域」には２つの意味が存在し，１つは研究指向領域の設定であり，もう１つは設定された研究指向領域についての最新情報とその特性の把握である。このうち研究指向領域の設定は，トップマネジメントが最終決定する「価値的判断項目」として取り上げられる。設定された研究指向領域についての最新情報とその特性の把握は，日々の研究開発プロセスにおいて学習するべき事項である。医薬品の研究開発においては，中長期的に経営者の経営哲学，経営理念が反映された形で研究指向領域と研究テーマが設定されるが，これらには経営者が直接関わる場合と，研究のマネジメントから上がってきたものを追認する程度の関わり方まで，幅広く存在する。

　「研究者の能力，意識，努力（8名）」は，現存する研究者の特性について述べられているが，これらを可能にするコア人材の中長期的な育成は，経営者が関わるべき価値的判断項目として挙げられる。医薬品の研究開発は長期に及ぶため，これらを通しての人材育成には時間を要す。経営者がこれらの人材を自ら確保し育成する場合もあれば，人事部門がトップの意向を受けて，また研究マネジメントの意向を受けて確保，育成する場合もある。

　「保有する技術，あるいはノウハウ（7名）」は，ある程度の年月をかけてコア技術として蓄積されるものであり，一朝一夕に出来上がるものではない。これらも中長期において経営者が関わるべき価値的判断項目である。

　「社外研究機関との連携，提携（6名）」は医薬品の研究に関しては重要で，これら外部人脈とのネットワークについてもトップが自ら関与し，密接なネットワークを活用する場合もあれば，研究者がそれぞれの立場でネットワークを築く場合もある。すなわちトップから現場まで幅広く関わるものであるが，最重要な外部機関（特にアカデミア）とのネットワークづくりは経営者の価値的判断項目である。

　「研究環境，設備及び投資金額（研究員数含む）（2名）」は，事実的判断要素も強いが医薬品の研究開発においては，ビジネス目的での研究開発ばかりでなく，基礎研究の中から候補物質が生まれるケースが多々ある。先が不透明な中で資金をつぎ込むかどうかの判断は最後は経営者に委ねられている部分もあり，本書では「価値的判断項目」とする。

　さらに第１章でも述べたが，自由な研究風土組織の醸成は一般に研究開発

第 2 章　先行研究

マネジメントに委ねられているが，その上位概念である会社の社風や組織風
土は，経営者の価値的判断項目といえる。これらが結果的に研究開発におけ
る自由な組織風土の醸成につながることから，さらにビジネスの目的ばかり
ではない基礎研究から新製品が創薬されるケースもあることから，自由に研
究できる組織風土は重要で，本書では「自由な研究組織風土」についても経
営者の「価値的判断項目」とした。これらについては第 5 章の分析の枠組み
のところでも述べる。

2.7. レビューのまとめ

　ここまで先行研究をレビューしてきたが，本書との関係において以下整理
を行う。
　本書の目的は，経営者が研究開発にどのように関わり，またどのような局
面でどのような意思決定を下すべきなのか，ということであるが，あらため
て先行研究をレビューしたところ，はじめにサイモンにより，経営者の意思
決定はどれもこれも同一次元ではなく，大きくは「価値的判断項目」と「事
実的判断項目」に分けて行われるべきであることが明確になった。さらにこ
れを一歩進めて，「経営者は誰がやってもほぼ同じような答えが出るような
問い，すなわち「事実的判断項目」ではなくて，より難易度の高い「価値的
判断項目」にウエイトを置くべきである」と筆者は理解する。
　その結果，本事例研究にあたり，各重要局面で行われた意思決定項目を上
記 2 つの考え方で峻別して検討を進めることができるようになったのであ
る。またサイモンは，バーナードの歴史的名著である『経営者の役割』
（Barnard, 1938）の基本線を引き継ぎつつも，自身の新たな経営者像を模索
している。経営において意思決定に携わる者について限界（限定合理性）を
示す中で，同時に経営者の「直感」については否定せず，これを軽視しては
ならないと指摘する。さらに非公式組織の重要性についても言及する。画期
的新薬の研究開発現場では，非公式組織はどのように機能したのかも検証対
象である。

第1部 不確実性下における経営の意思決定

Allison（邦訳，1977）では，第3のモデルすなわち組織内役職者の影響力や政治的側面，技量というものの重要性が述べられており，これらは本稿の事例研究分析の枠組み作成時にも参考にすることができる。原田（2014）の技術分類は，画期的新薬を創出した当時の藤沢の技術分類に適用できる。これに基づけば，藤沢の研究開発におけるコア技術は「発酵」であり，補完技術は「物質を単離精製[4]する技術」や「不純物を除去し純度を上げる技術」「結晶化」等であり，周辺技術は「合成」，未利用技術は移植領域における「動物実験や臨床実験のノウハウ」ということができる。

次に研究開発プロセスにおける経営者の役割に関してのLeslie（1980）および政策研究大学院大学編（2004）と三品（2005）は，本書の事例研究を進める上で数少ない有効な参考ケースである。たとえば，Leslie（1980）は，経営者が研究開発にどのように関わるべきかを示している。経営者は短期的な費用対効果よりも，研究者が自由に研究を進められるような環境づくりに心を砕くべきだとするのがレズリーの主張であり，本書で検証する医薬品の研究開発における経営者の役割についての事例研究において，重要なキーメッセージを含んでいる。村田のオーラルヒストリーのケースも，経営者が技術者を信頼する中で，「技術者の粘り」と「経営者がそれを許して我慢する判断」との兼ね合いで新製品の成否が決まることを物語っている。これも医薬品の研究開発と共通するところがあり，本書の主題である経営者の研究開発への関わり方について有益な示唆を与えてくれる。田辺製薬の平林の事例も，日本ではじめてカルシウム拮抗薬を開発した同じ医薬品企業のトップとして，その経営哲学や研究開発への関わり方は，本書における経営者の役割を探究する上で貴重なものである。

最後の森下・川上（2005）における医薬品の研究開発における重要項目についての先行研究は，本書第5章における筆者の「価値的判断項目」設計に有益な示唆を与えてくれた。

---

4 様々なものが混合している状態にあるものから，その中の特定の要素のみを取り出すことであり，化学的には，混合物から純物質を物理化学的原理に基づいて分離する操作のことを意味する。

第2部

オーラルヒストリー

第3章 方法論の議論

3.1. オーラルヒストリーの学問的正当性とその限界について

　第1章で述べたように，「画期的な新製品の研究開発において経営者が果たす真の役割とは一体何か，これらについて深く掘り下げ検討を加えること」が本書の中心的課題である。これらの研究を進めるにあたっては，多様なアプローチ・方法論が存在するが，本書ではそれら方法論の中から質的研究に注目し，その中でも具体的にはオーラルヒストリーという手法を採択する。オーラルヒストリー，すなわち綿密なインタビュー記録による研究方法は，質的方法論の中でも特定の調査法であり，第二次世界大戦後に本格的に学術分野として確立された。

　まず本書では，はじめにオーラルヒストリーによる調査方法と量的調査方法との比較を行った後，オーラルヒストリーの学問的正当性を担保することへの十分かつ必要条件を明確にする。次に，なぜ本研究においてオーラルヒストリーという手法が適しているのかの理由について検討を加える。最後にオーラルヒストリーの限界について検討し，これらの限界を十分認識した上で本事例研究に取り組むことにする。

　オーラルヒストリーは，社会科学の研究手法のカテゴリーからすれば質的調査であり，質的研究方法と量的研究方法については，過去多くの比較研究がなされてきた。イギリスの歴史学者であるラミス（Lummis, T.）は量的研究方法について，「『確かである』とされる現代の統計データも人伝えの結果にすぎないのであり，人びとに真実を隠ぺいする十分な理由と機会があれ

ば、『事実』は誤ったものになる」と述べている（Lummis, 1987）。一方，質的調査については Merriam（1988）が以下の通り論じている。「質的調査は帰納的[1]であって，多様な変数は独立しているのではなく，その間の関係はお互いにかかわりあっていると考えられる。綿密なインタビューでは，研究者は回答の仕方について選択する余地のあるテーマを対象者に与え，語られている経験の意味を考え，そこに新たな話題を差し挟むことができる。このようにして，新しい仮説が生み出されることもある」。また，Yow（2005）は「質的な方法論を用いる際の利点のひとつは，研究者があらかじめ決めた検討項目に固執することなく，むしろ語り手がどのようなテーマを選択するかについての観察を行うことができることにある。これにより，研究者は，当初の仮説にはなかった新たな事柄を発見することになる。実際，質的調査を行う多くの研究者は，調査の始めに仮説を立てない。研究者の思考の範囲外から発見がもたらされる例，即ち，仕事の組織，特に行動におけるそれまで考えもしなかった事柄が発見されるというこうした可能性は，この手法の利点である」と述べている。

　質的調査を行う研究者は人々を研究し，人々が自らの経験についてどのように考えているかを質問することにより，できる限りの真実に近づこうとする。そして，人々の証言から得られる多くの事例を慎重に検討するのである。Wilson（1982）はこの 2 つの方法論的伝統の関係について次のように述べている。「質的および量的アプローチは競合的というよりもお互い相補的な関係にある。その時に扱っている研究設問の性質に基づいて，特定の方法を使用すべきである」。Mckinlay（1995）や Baum（1995）は公衆衛生研究の分野でこれと同じようなことを述べている。彼らの主張の要点は，原理的な考察によってどちらの研究方法に賛成か反対かを決めるのではなく，研究の対象や設問への適切性によってどの方法を選ぶかを決めるべきだというものである。

　本研究において，オーラルヒストリーが適している理由を整理すると下記の通りとなる。

1 　個々の情報から一般事象を引き出すこと。

① 画期的新薬タクロリムスの研究開発に関して，物質の発見から製品への開発，さらには海外にて自社開発，自社販売決定に至るにまでのプロセスについて真実に迫りたいこと。

② タクロリムスの研究開発過程における重要な意思決定場面で，経営者がどのように意思決定したのか，またその背景はどのようなものであったのかを明らかにしたいこと。

③ 一次資料として残されているものであってもそこに十分反映されていない事実について，明らかにしたいこと。

御厨（2007）は，社会科学の研究者にとってそれまで眠っていた資料が発見され事実がわかることも重要であるが，それよりもむしろそのプロセスを解釈できることの方が重要である旨を述べている。画期的新薬タクロリムスの事例は1980年前後から1995年頃までであり，物質発見時からすでに30年以上の歳月が経過している。タクロリムスの創薬から開発までは総勢100名近くの人間が関わり，その中でもキーマンは十数名と推測される。一次資料とともに，当時の全貌をできる限り明らかにするためには，これら十数名のキーマンへの綿密なインタビューと，これを受けての検証作業，すなわちオーラルヒストリーという手法が最も親和性が高い研究方法であると判断した。

　質的調査法としての綿密なインタビューであるが，個々の証言はその時点での経験のさまざまな側面を含んでいる。これを時系列的にまとめることにより，時間的変化を明らかにすることができる。Thompson（1994）はオーラルヒストリーの存在意義について，「時系列的な変化に対する理解を助けるものであり，人間の経験に関する静的な視点ではなく，動的な視点をもたらす」と指摘している。インタビュー手法では，証言者に対して質問を行うことができる。Lummisはその著書 *Listening to History*（1987）の中で，次のように説明している。「オーラルヒストリーの紛れもない利点は対話性である。その意義を推測する際に書証の場合のように1人きりで取り組むことはない。「情報提供者」は内容を回想し，事実とともに解釈を示すことができる」。これはとりわけ，ある決定の根本的な理由を把握しなければならない時に重要である。公式の記録では，決定は無難なごく一般的な言葉で述べ

られる。「動議がなされ，賛成を経て投票で決定された」ことは読み取れた
としても，参加者の投票行動の動機までは公式の記録文書に記されることは
まれであるため，彼らの真の意図を知ることはできない。さらに公式には，
表向きの理由が示されることもある。そのため一般向けの記述にとらわれず
に検証を実施する上では，綿密なインタビューは不可欠であるといえる。

　質的な方法論には，手順および評価について固有の厳しい基準がある。調
査法としての綿密なインタビュー記録や，手順の厳格な評価等である。すな
わちこれらの手順に厳格に取り組むことを前提として，方法論としてのオー
ラルヒストリー（綿密なインタビュー）は量的な研究方法と比較して学問的
な正当性は担保されるといってよい。綿密なインタビュー記録による研究方
法は質的方法論一般の中でも特定の調査法であるが，一定の綿密なる作業プ
ロセスを経ることにより，量的な研究方法と遜色ない学問的正当性が担保で
きるといえる。

　一方，オーラルヒストリーの限界について Yow（2005）は，「オーラルヒ
ストリーの限界とは，個人の記憶に依存するウエイトが大きいために，記憶
についての十分な検証が必要とされることである。すなわち，人間の記憶は
選択的であり，次の重要な2つの要素がかかわってくる。1つは証言の一貫
性であり，他方は事実情報の正確さ（あるいは正当性）である」と述べてい
る。本書の事例研究において，証言の一貫性は，複数の人の綿密なインタ
ビューによって確認でき，矛盾点は追及することができる。また正確さ（ほ
かの証言との一致）は，ほかの一次資料を参照したり，証言を比較したりす
ることで確認することができる。オーラルヒストリーは，必然的に主観的で
ある。主観性は何よりもまず回避できないものであるし，過去と未来の意味
付けを理解するうえで重要なものである。

　以上，オーラルヒストリーの学問的正当性とその限界について考察してき
たが，まとめると，綿密なインタビューは対象者の複雑な心の深部まで観察
することができるという利点とともに，学問的正当性を担保することができ
るといえる。一方その限界としては，証言の一貫性と個人の記憶に基づく事
実情報の正確さの保証の危うさ等が挙げられるが，これらについては複数の
人の綿密なインタビューや当時の一次資料の十分な検証により最小限に留め

第3章　方法論の議論

ることができる。そのような意味では，質的調査や特にオーラルヒストリー
のインタビューにおける一次資料の検証は重要な課題である。

3.2. インタビューにおける技術的側面での留意点

　次にオーラルヒストリーの技術的側面として，Yow（2005）は，次の通
り述べている。「インタビューの完了後，質問者は録音された記録を客観的
に聞いて評価し，検討する。評価方法については，以下の点に注意する。
テープの情報を，その他の文書および口述資料で裏付ける。また，証言を綿
密に聞き，一貫性を判断する。ある論点で一貫性に欠ける場合は，その理由
を特定する。資料を調べ，省略，削除，あるいは歪曲された内容がないかど
うかを確認する。さらにその後の展開という点から，証言の筋が通っている
かどうかを十分に考慮する。記憶の誤りと思われる部分の事実関係を確認す
る。特定の話題に関する証言について，語り手の信頼性に注目する場合は，
以下の点に留意する。語り手は話題を理解しているか。それは直接得た情報
であるか。語られた出来事と語り手は，どれほど近い関係にあったのか。ま
た，語り手の目的がどれほどその証言に影響しているか，現在の状況が過去
を想起することにどう影響を及ぼしているか等の点に注意しながら，記録さ
れた証言を語り手の人生の文脈に照らして検討する。質問者と語り手の関係
がどのように会話の展開に影響したかを録音された回顧で確認する。質問者
と語り手のどちらもが，自分たちが記録している資料の歴史的な重要性を自
覚していたか，綿密なインタビューを客観的に見てその有用性を評価する」。
本研究においては，これらの技術的側面の本質をよく理解して作業を進め
る。
　御厨（2007）もインタビューに際しての詳細な準備の必要性と，複数メン
バーを対象者とするインタビューの技術的側面（SOP）について述べている。
複数の人を対象とした石炭政策をテーマとした政策研究大学院大学編（2003）
『炭鉱政策オーラル・ヒストリー』は，政策研究大学院大学教授御厨貴と政
策研究大学院大学博士後期課程在学中の佐脇紀代志（通商産業省［現経済産

35

業省］の役人を退官した研究者）がインタビュアーとなり，当時炭鉱政策を決定した同省幹部と，逆の立場で影響を受けた側（産業界幹部）へインタビューしたものである。佐脇自身は炭鉱政策内容に精通しているものの，客観性を考慮した上での詳細な質問の方法等，有益な示唆を与えてくれる。

タクロリムスの事例研究では十数名へのインタビューを行っており，これらの研究の成果は追加インタビューも含め，本研究に生かされている。

3.3. 本研究におけるオーラルヒストリーの適用

本書の基本的方法論であるオーラルヒストリーについて，学問的正当性とその利点およびその限界について論述してきた。次にこれらを十分認識する中で，実際に本研究において関係者十数名にオーラルヒストリーを適用し，綿密なインタビューを実施した。これらの具体的ステップについて，以下記述する。

① インタビューの目的と目標の明確化
・タクロリムスの研究開発を通して，「経営者の研究開発についての役割」について明らかにする。
・「タクロリムスの研究開発プロセスの詳細（真実）」について明らかにする。

② インタビュイー（対象者）の選定
・元社長2名，さらに当時タクロリムスの研究開発に関わった重要人物ほか，合わせて十数名（三洋化学から藤沢に移り発酵の技術向上に貢献したメンバーを含む）。

③ インタビュイー（対象者）との交渉
・筆者の研究テーマと課題を正確に伝え，経営者には，「研究開発への関わり方」について主旨を説明し，タクロリムスの研究開発に携わった重

要人物には，「タクロリムスの研究開発の実態を明らかにし，歴史的所産として後世に残すことの重要性」について説明し，ともに了解をいただく。

↓

④ **事前の準備**

・各項目ごとに重要局面において対象者がどのような対応をしたのか，を中心に質問票を組み立て，事前に送る場合とあえて当日に渡す場合とに分けた。

↓

⑤ **当日のインタビュー**

・インタビューでは，事前に録音をさせていただくことについて断りを入れ，了解をいただいた。なお念のため，レコーダーは2台用意した。また質問に順じて証言を綿密に聞き，一貫性を判断した。

・持参いただいた一次資料についてはお借りすることとし，複写した後，原本を速やかに返却した。

・インタビュー終了後にメンバーの写真を撮り，記録とした。

↓

⑥ **インタビュー終了後**

・インタビューにおける発言内容と事前に入手した一次資料との年月の整合性や内容の比較を行い，矛盾点や確認点があればメールにて追加のやり取りを行った。さらに2週間以内にはすべてのインタビュー内容をテープ起こしし文章化し，対象者に送付，チェックをいただいた。論点で一貫性に欠ける場合はその理由を特定し，資料を調べ，省略，削除，あるいは歪曲された内容がないかどうかを確認した。合わせて証言の筋が通っているかどうかを十分に考慮し，記憶の誤りと思われる部分の事実関係については，メールにて確認した。

↓

⑦ **その後の追加のインタビュー等**

・必要に応じて実施，またはメールベースで行った。

第4章 研究対象選定の理由
免疫抑制剤タクロリムス

4.1. 免疫抑制剤タクロリムスについて

　ここで今回の研究対象であるタクロリムスについて説明しておこう。

　日本に画期的新薬が数品目しかないといわれる中で，2品目を創薬・開発した製薬企業が藤沢薬品である。この藤沢が創薬・開発した2品目とは，免疫抑制剤タクロリムス[1]と抗真菌薬ミカファンギン[2]である。画期的新薬とは①新規作用機序，②高い有効性，③治療方法の改善の要件を満たし，厚生労働省が正式認定し，薬価の画期的加算が算定される製品である。患者のQOL（quality of life）を画期的に改善した薬剤であり，患者の命を救うという最も重要な役割を果たしている。

　新制度の発足以降，厚生労働省（厚生省含む）によって認定された画期的新薬は，和製では製品名（以下同様）プログラフ（1993年承認，免疫抑制剤，一般名[3]：タクロリムス，藤沢薬品），ラジカット（2001年承認，脳塞栓急性期治療剤，2014年ALSに対する効能追加，一般名：エダラボン，旧三菱東京製薬），ファンガード（2002年承認，抗真菌薬，一般名：ミカファンギン，藤沢薬品）の3品目のみである。また，ファンガード以降12年半ぶ

---

1 臓器移植後の拒絶反応を抑制する画期的新薬（本稿の事例研究で対象とする医薬品）。
2 真菌細胞壁の主要構成成分である 1,3-β-D-glucan の生合成を特異的に阻害することによりカンジダに対して殺菌的に，またアスペルギルスに対しては菌糸伸長を強力に阻害する画期的新薬。
3 医薬品には，薬効成分となる化学物質の名前により付けられた「一般名」と，各会社の独自性により付けられた「製品名」，としての名前がある。一般名の命名は，国際的に用いることのできる "国際一般名医薬品命名法" のルールによる。

りの 2015 年 5 月に外資系企業によるソバルディ（経口 C 型慢性肝炎治療薬，一般名：ソホスブビル，ギリアド・サイエンシズ）が認定されたことは，記憶に新しい。

タクロリムスは，1984 年 3 月に藤沢の探索研究所（筑波）で天然物として発見された。その後約 20 の重要局面を乗り越え，1991 年 12 月に厚生省に新薬申請，1 年半後の 1993 年 4 月に製造承認を得る。物質発見から 9 年後の製造承認は当時としては異例の速さである。

物資は，当初 FR900506（Fujisawa Research No.），開発段階に入り FK506（Fuisawa Kaihatsu No.）さらに開発終了後に一般名タクロリムス（tacrolimus）と命名された。これは，つくば市（Tsukuba）で発見されたことを示す T，マクロライド系（macrolide）を意味する acrol，免疫抑制剤（immuno-suppresant）を意味する ims をつなげたものである。

本書では，この物質発見の前史および発見から開発（海外開発含む）を経て製造承認申請までの約 7 年において，当時の現場担当者，研究マネジメント，研究本部長，経営者（社長）が重要局面をどのように乗り切り，またそれぞれの役割はどのようなものであったかについて検証する。タクロリムスの日本における適応症[4] は「肝臓移植における拒絶反応の抑制」であり，その後の薬価算定にあたっては，前述の通り，厚生省（現厚生労働省）により 1992 年の薬価新算定方式[5] 導入後初の画期性加算（10％強，真に優れた薬剤と評価されたものに与えられる）が加えられた。1993 年 5 月に初の画期的新薬として薬価収載され，翌 6 月にカプセルと注射剤が発売される。同年 6 月よりドイツ，米国をはじめとして欧州各国で新薬承認申請を行い，1994 年 4 月に米国で念願の製造・販売承認を取得する。

研究番号 FR900506，開発番号 FK506 として国内外の注目を集めてきた画期的新薬が，販売品名プログラフという名称で世界に先駆けて開発国である日本で発売された。なお，このプログラフ（prograf）は，保護する

---

4 医薬品の製造販売承認にあたっては，治療用途を 限定して 承認される。この許可された疾患（群）を「適応症」という。
5 新薬の薬価算定については，1991 年 5 月の中医協建議において，真に画期的な新薬に限り画期的加算を新たに設けることが決定され，翌年新薬価算定方式として導入された。タクロリムスはその第一号となった。

（protect）と移植片（graft）にちなんで命名された。発売当時，脳死移植が
行われていない日本では，年間数 10 例の生体肝移植と海外で移植を受け帰
国した患者のみがこの薬剤の対象で，施設や症例とともに販売対象は非常に
限られていた。しかし，専門家のタクロリムスへの関心は非常に高く，開発
過程で世界各国から多くのサンプル要求があった。当時，国内についてだけ
でも約 500 グループに研究用原末[6]の提供を行っている。1994 年 9 月に「腎
臓移植時の拒絶反応の抑制」に対する効能・効果を追加申請し，1996 年 4
月に承認され適応症が追加された。

　当初国内営業グループからは，日本における取得適応症については，肝臓
移植よりも市場性の大きい（海外に比べれば生体の腎移植に限定されていた
が）腎臓移植から取得するべきという声もあったが，研究開発総本部長の青
木（後の 6 代目社長）は，市場性よりも効果・効能を優先する方針を堅持，
肝臓移植時の適応症申請からスタートさせた。

　2000 年 9 月には全身性重症筋無力症（希少疾病用医薬品指定）への適応が
追加承認され，関節リウマチ，ループス腎炎（希少疾病用医薬品指定）など
自己免疫疾患用剤としても使用されるようになった。2009 年 7 月には「難治
性の活動期潰瘍性大腸炎」の適応が追加された。海外では，1993 年 6 月から
1996 年にかけて，ドイツ，米国，英国をはじめ欧米各国で新薬承認申請を
行ったが，この結果まず米国で 1994 年 4 月に承認を受ける。次いで英国では
最優先審査薬の取り扱いを受け，同年 6 月に承認を受ける。なお英国におい
ては肝移植の他に腎移植がはじめて加わり，「肝移植および腎移植における拒
絶反応の予防と他剤無効例での拒絶反応の治療」が承認された。米国，英国
での承認を受け，1994 年 6 月，フジサワ USA を通じて米国でタクロリムス
を発売した。これは，タクロリムスが海外市場に印した最初の一歩であると
ともに日本の製薬企業が海外で独自に臨床試験を含む開発を行って発売にこ
ぎつけたはじめてのケースである。さらに 10 月には，英国でフジサワ・リミ
テッドを通じて発売し，欧州での発売を開始する。これによりタクロリムス
は，日米欧三極でその第一歩を踏み出すこととなった。

6　医薬品の原材料として用いられる薬物の粉末。

4.2. 免疫抑制剤タクロリムスを研究対象とした理由

　本研究において，タクロリムスを事例研究として選定した理由は，下記3点である。

　1つ目は，タクロリムスの発見は，筑波山麓の土から発見された単なる幸運と解釈すべきなのか，あるいは過去からの研究資産，研究戦略，研究理念（研究者としての見識）と確かな発酵技術力，また，製品化に向けた総勢100名近い人材による知恵と創造性，実行力，さらには強いリーダーシップを有した経営者との総力戦による「再現性のあるマネジメント」であったのか，経営学的な見地からあらためて検証してみたいと考えたことである。医薬品の研究開発には「物質の発見」と「医薬品への仕上げ」という大きな2つのプロセスが存在するが，仮にタクロリムスが物質の発見だけで終わっていたら，単なる天然物の発見で終わっていた可能性もある。少なくとも20近い重要局面に遭遇し，これらの1つひとつについて，丁寧に小さな針の穴を通り抜け，確率的には極めて小さい成功率をものにした真の要因は一体何であったのか。藤沢の技術の蓄積，優位な人材の蓄積，アカデミアとの長年にわたる連携はこれらにどのような影響を及ぼしたのかこれらについて明らかにしてみたい。

　2つ目は，既に第1章で研究課題として提示した通り，経営者と研究開発の関わりを明らかにするのに，医薬品の研究開発は先端科学の中でもより専門性の高い分野であり，適切であること。すなわち医薬品の研究開発には長い期間と多大な投資（物質の発見から製品化まで9〜17年，グローバルに展開する製品の場合，1品目約数百億円〜1000億円）が必要とされ，その平均成功確率は他の製品・産業に比べて圧倒的に低い。途中，有害事象（副作用等）で開発中止となるリスクも高く，画期的新薬の成功確率はさらに低い。経営者は長期にわたるスパンの中で，さらには医薬品の研究開発という高度な専門性の中で意思決定しなければならないからである。

　3つ目であるが，筆者はタクロリムスが発見され，開発・上市された時期およびその後も含めて藤沢薬品に勤務しており，当時の社内人脈を活用し，

経営者を含む重要関係者へのオーラルヒストリーおよび一次資料を通じて創薬から開発過程における具体的な事例の検証が可能となったことである。

多くの臓器移植手術を可能にし，これら移植者の生存率を飛躍的に高め，患者の命を救うことに大きく貢献したタクロリムスという画期的新医薬品の創薬・開発については一体何が決定打であったのか。綿密なインタビューを行い，事実を丹念に検証し，経営者と研究開発の関わり方に一石を投じるとともに，経営学および歴史的所産として，これらを後世に残すことは意味のあることであると考える。当時の創薬・開発責任者，経営者も既に年齢を重ねつつある中で，当時の内情にも通じていた外部研究者という立場から，これらの全貌を明らかにすることに挑みたい。

第5章　分析の枠組みと調査方法

5.1. 分析の枠組み

　第2章の先行研究のレビューで検討したが，経営者が関わるべき価値的判断項目としては「経営哲学・経営戦略」「コア技術」「研究指向領域の設定」「コア人材」「資金」「自由な研究組織風土」「アカデミアとのネットワーク」の7項目に加えて，研究から開発へ移行する重要判断ポイントである「開発候補品としての承認」および「製品をグローバル展開する際の判断（自前か，海外他社への委託か）」についても本書では「価値的判断項目」とした。これらを図5.1に示す。

5.2. 分析の切り口

　次章の第6章では，タクロリムスの研究開発過程について，後出の図5.2のフレームワークに基づき，経営者，研究本部長，研究マネジメントがどのように関わったのかを綿密なインタビューを通じて明らかにし，項目ごとの格付けを行う。

　そこでここでは，その判断項目として，価値的判断項目（大項目）については経営哲学，経営戦略からはじまり海外展開に関する意思決定まで9項目を掲げ，事実的判断項目（大項目）については，タクロリムスの発見やプロジェクトの始動他5項目を掲げた。また，オーラルヒストリー結果については，

45

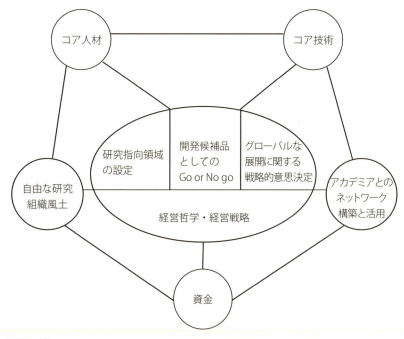

図 5.1 医薬品の研究開発における経営者関与のキー項目　　筆者作成

価値的判断項目と事実的判断項目を念頭に置きつつ,時系列に整理することとする。

1. **価値的判断項目**「タクロリムスにつながる中長期的視点での意思決定と重要局面」
① 経営哲学と経営戦略
　・経営哲学の中長期研究開発戦略への落とし込み
② コア技術の蓄積と発展
　・発酵へのこだわりと三洋化学の買収
　・セファメジン[1]による研究開発の飛躍的向上と発酵・合成の連携

1　セファロスポリン系誘導体の抗生物質注射剤（一般名は,セファゾリンナトリウム）。

第5章　分析の枠組みと調査方法

③ 研究指向領域と研究テーマの設定
　・抗生物質からの脱却と研究テーマを免疫系に設定
　・免疫亢進剤の開発を経て免疫抑制剤の研究へとテーマを決定
④ コア人材の確保と育成
　・発酵分野における酒井平一の存在
　・東京大学農学部農芸化学出身者の発酵グループへの取り組み
⑤ 研究予算の確保と継続的投下
　・発酵グループが成果を出せない中での経営者の我慢
　・一旦ものが動き出したら，多額の予算を躊躇なく投下
⑥ 自由な研究組織風土の醸成（組織，個人）
　・探索研究所の筑波（現つくば）への移転と新たな風土作り
　・非公式組織の役割
⑦ アカデミアとのネットワーク構築と活用
　・千葉大学落合武徳講師との出会いと海外学会発表
　・スタ―ツル（Starzl, T. E.）教授との出会いと継続的なサンプル提供
⑧ タクロリムスの開発候補品（Phase 0[2]，以下 P0）としての承認
⑨ タクロリムスの海外自社開発・自社販売の意思決定
　・セファメジンで学んだ教訓と経営者のこだわり

2. 事実的判断項目「タクロリムス発見～開発プロセスにおける個別意思決定」
① タクロリムスの発見（天然物の発見）
　・免疫抑制物質のスクリーニング体系[3]確立
　・天然物から低分子を分離できる人材の育成
　・タクロリムスの発見
　・抽出精製及び物理化学的性質の決定

2　通常は R&D の研究から開発への引き渡しは P1 からであるが，タクロリムスの場合は，R&D の透明性の確保とトップの意思決定の明確化を期待し，引き渡しは申請承認を意識した前臨床開発すなわち P0 時点とした。P0 承認を経て，開発ステージへと進むことになる（詳しくは 5.4. にて記述）。
3　スクリーニングとは，種々の手法を用いて化合物を評価し多くの化合物群（ライブラリー）の中から新規医薬品として有効な化合物を選択する作業である。また，スクリーニングを適切かつ効果的に行うシステムのことをスクリーニング体系という。

第 2 部　オーラルヒストリー

　　・初期移植実験
② タクロリムスのシード（seed）承認
③ タクロリムスプロジェクトの始動（シード提案後から P0 提案まで）
④ 初期における困難な事項が発生した複数のケースとその克服
　　・経口剤の開発
　　・血中濃度の測定
　　・一般毒性評価[4] と薬効評価
⑤ ピッツバーグ大学での臨床治験開始

　これらの合計 14 項目の詳細事例について時系列的に経営者，研究開発トップ，研究開発マネジメントそれぞれの関わりを検証していく。上述の通り経営者の意思決定に関しては，中長期視点での視角を主とする「価値的判断項目」と，具体的研究開発プロセスにおける「事実的判断項目」について整理を行ったが，次に経営者や研究本部長，研究マネジメントは個別のテーマにおいて具体的にどのような関わり方をするべきなのか，その関わりについて「直接関与」「間接関与」「非関与」という 3 通りの関与の仕方について，本書では下記の通り定義し進める。

　「直接関与」………そのステージにおける意思決定に，本人自ら関わるものであり，具体的に判断を下すということで関与する。すなわち非可逆的な選択と言い換えてもよい。

　「間接関与」………研究開発のプロセスにおいて具体的な判断への直接関与ではなく，他者の判断を左右する，もしくは強い影響を与えるなどの関与である。

　「非関与」…………研究開発のプロセスにおいて，具体的な判断には関わらないが基本資金の投入，周辺環境の基本整備（物心両面）等には関与する。

4　被験物質の毒性全般を知る目的で行なうもので，動物に被験物質を一回投与して，その後に現れる症状（毒性）を観察する急性毒性試験と，動物に被験物質を反復投与して，毒性の発現を用量と時間の観点から調べる慢性毒性試験とがある。慢性毒性試験は 6～12 カ月以上にわたって行われる。

第5章　分析の枠組みと調査方法

	直接関与	間接関与	非関与
社長および トップマネ ジメント	A1	B1	C1
研究本部長， 執行役員	A2	B2	C2
研究マネジ メント （管理職）	A3	B3	C3

図5.2 タクロリムスの創薬から開発における
各層の関与度　　　　　　　　筆者作成

　次に，これらの3つの関与を各管理者層に対応させたのが図5.2である。なお，判断にあたっての「直接関与」および「間接関与」は短，中，長期における戦略的な要素が強く，「非関与」は事業を存立させるための基盤整備が中心となる。

5.3. 調査方法

　オーラルヒストリーすなわち綿密なインタビュー記録と当時の入手可能な一次資料の活用に努める。インタビュー記録については，事前に録音の了解を得て，その後，そのやりとりをテープに起こし，出来上がったドラフトをインタビュー対象者に郵送，チェック，添削いただいて，それらを著者で確認。また複数の人のインタビューを通じて，2人以上が同じことを語っていた場合にはかなりの確度が高い事実としてとらえることとする（インタビューでの独善や勘違いの防止）。

49

第2部　オーラルヒストリー

5.4. 新医薬品の研究開発についての整理：用語の定義

　医療用医薬品は，通常「新有効成分含有医薬品」と「それ以外の医薬品」に分けられる。新有効成分含有医薬品とは，文字通り新たな有効成分を含み，既存薬とは異なる化学構造を持つ医薬品である。新有効成分含有医薬品の中でも，特に有効性・新規性の高いものは「革新的新薬」と呼ばれ，さらにその中でも特に有効性・新規性が高いものは「画期的新薬」であり，戦後カテゴリー区分の制度ができて以来4品目しか存在していない。一方，既存薬の有効性・安全性などが改良されたものは「改良型新薬」と呼ばれる。本書で対象とするのは特に有効性・新規性が高い「画期的新薬」である。また，「研究開発の範囲」については，通常，医薬品の研究開発は「探索」を中心とするResearchと「開発」のDevelopmentに大きく分けることができるが，ここでは探索から開発までを含むものとする。医薬品の研究開発プロセスは図5.3の通りであり，これらが並行して行われることもあれば，順次進められることもある。

　①スクリーニング，②抽出精製・物理科学的性質，③薬理作用，④安全性試験・毒性試験，⑤製剤化検討，⑥体内動態，⑦作用機序，⑧開発ステージ，⑨大規模臨床試験，⑩申請，⑪工業化研究，⑫生産体制，⑬承認・発売

　一般的な医薬品の研究開発プロセスの探索段階では，天然物あるいは合成研究者が化学合成した化合物に関して，評価研究者が細胞や動物（ラットやマウス）を用いて，薬理活性やその他の特徴を持った化合物を選抜していく（タクロリムスの場合は天然物医薬品）。薬理活性のある化合物はさらに研究者によって構造修飾（化学合成）され，より薬理活性の強いもの，体内での代謝に優れたもの，安全性の高いもの，溶解性など物性の優れたものに改良されていく。

　開発段階は探索段階で見出された有効成分の安全性や薬効を詳細に確認するステージとして位置づけられ，前臨床試験段階と臨床試験段階に分けることができる。前臨床段階は，ヒトを対象とした臨床試験を行うための準備段階ととらえることができる。この段階では臨床試験段階に進むために動物モ

第5章 分析の枠組みと調査方法

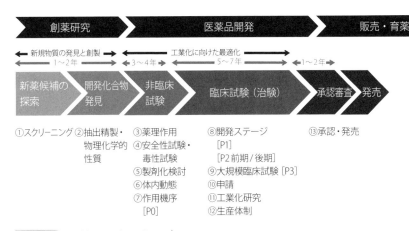

図5.3 医薬品研究開発のプロセス　　　　　　　　　　　　　　筆者作成

デルを用いて薬効や安全性を確認し，ヒトへの投与を行うことのできる安全性を担保するということが行われる。臨床試験段階はP1，P2，P3のステージに分けることができ，各ステージで医薬品候補化合物は一定の基準を満たすかどうか検証される。まず，P1は健康な成年男子を対象として医薬品候補の安全性に関する試験が行われる。P2は少数の患者を対象として有効性・安全性・代謝などについて試験され，さらに適応疾患領域や用量が設定される。最終段階のP3では多数の患者を対象とした大規模な臨床試験が行われる。臨床試験が終了すると，そのデータは厚生労働省やFDAなどの許認可機関へ提出，申請されて，最終的には製造承認，販売承認を受けて製品として上市される。なお，通常，R&Dの研究から開発への引き渡しは，臨床（ヒトでの開発）がはじまるP1時点からであるが，タクロリムスのケースでは，詳細は後述するが，R&Dの透明性の確保とトップの意思決定の明確化を期待して，P0（承認申請を前提とした前臨床開発）時点となっていた。したがってここが実質上の開発候補品として今後進めるか否かの重要な判断ポイント（Go or No go）であった。

5.5. 本研究の調査協力者（インタビュー対象者）

　Spradley はその著書 *The Ethnographic Interrview*（1979）の中で，インタビューの状況には4つの段階があり，これらに関して次のように述べている。

　「(1) 不安，(2) 模索，(3) 協力，および (4) 参加である。初回のインタビューは，常に質問者と語り手の双方が不安を感じながらの開始となる。質問者はインタビューがどのように進むのか先が読めず，語り手は質問者が自分に何を求めているのかわからない。語り手の多くが「私はあなたのお役に立てるほど，多くを知っているとは思えない」といった発言をする。インタビューがはじまるとすぐに質問者と語り手は状況を手探りし始める。これは，聴取と観察の期間である。〈中略〉やがて，語り手は質問者を信頼すべきかどうかを決める。そのため，プロジェクトに対して誠実かつ率直であること，そして語り手の質問に対して誠実かつていねいに答えることは，質問者にとってきわめて重要である。このことから，プロジェクトの意味やなぜその人にインタビューしに来たのかについて，繰り返し説明が必要となる場合もある。」

　また，わずかに否定的な態度を示すだけでラポール（信頼関係）を損なうこともあり，語り手は否定に敏感である。筆者は画期的新薬であるタクロリムスが発見され，開発・上市された時期およびその後も含めて藤沢薬品に勤務しており，本研究においては当時の社内人脈を活用し，内情に通じた外部研究者として経営者を含む重要関係者へのオーラルヒストリーおよび一次資料を通じて，創薬から開発過程における具体的な事例の検証を行う。インタビューにおける語り手との信頼関係構築は比較的スムーズに築かれていたと感じている。同時に社長2名を含む当時の研究マネジメント，研究本部長など十数人への綿密なインタビューの際，それぞれの主張の矛盾点があれば確認し，かつ当時の一次資料を示しながらインタビューを行えたことも多かったため，記憶についての間違い等についても回避できたのではと考えている。これは本研究を進める上での優位性ということができる。

ここで，今回の研究にご協力いただいた方々を紹介する（敬称略）。

藤沢友吉郎（社長），青木初男（社長），後藤俊男（研究本部長），木野亨（研究者），福元英男（フジサワ USA 社長），中原邦夫（研究者），西山道久（グローバル開発部長），小林正和（研究者），山下道雄（工業化第二研究所長），海津務（研究者），堀田建夫（人事部長），鯵坂六彌（開発本部副本部長兼開発企画室長），天谷忠弘（開発本部副本部長），以上 14 名。

上記メンバーへのインタビュー期間は追加のインタビューも含め，2014年 7 月から 2015 年 6 月までの約 1 年にわたり，インタビュー記録は約 50 万字に及ぶ。なお，各氏の詳しい経歴については巻末の人物紹介を見て欲しい。

第3部

画期的新薬タクロリムスの創薬・開発と経営者

第6章 新薬創出の背景

6.1. 事例研究の進め方と整理方法

　本事例研究では，第5章において検討した分析の枠組に基づいて，免疫抑制剤タクロリムスの発見から開発までを綿密なインタビューおよび一次資料を精査しながらそれぞれ正確に記述していくことに努める。

　中長期的視点での意思決定項目（価値的判断項目）およびタクロリムス研究開発プロセスにおいて発生した意思決定項目（事実的判断項目）は，タクロリムスの創薬から開発にとって重要な意思決定であり，これらの内どれか1つでも判断が違っていたら製品化には至らなかった。

　はじめに詳細内容について，できる限り年次順に沿って記載することに努めた。従って時系列的に，価値的判断項目，事実的判断項目のそれぞれ両項目が出現するが，これらは次の第7章にて整理する。各項目表のところには上部にその「年代」を記入し，巻末にはタクロリムス関連の年表を記載している。

　インタビュー後に対象者にインタビュー結果の内容を確認してもらい，その詳細記述にあたっては各人の氏名は敬称略とした。インタビュー内容そのものについては，一部口述的に過ぎる表現や，現在ではしばしば回避される傾向にある言辞が含まれるが，口述としての記録性を重視するという観点から原則修正することなく掲載した。

6.2. 経営哲学と経営戦略
3代に亘る経営者の理念・戦略

〈戦前～戦後を通じて〉

2代目社長藤澤友吉は，戦後「科学の振興こそわが国再起の道である」との信念から自社での研究開発を強く主導した。研究指向領域については，農芸化学をベースとした微生物，天然物，発酵分野に強くこだわり，結果として後の天然物タクロリムスの発見につながる。経営哲学，経営理念に基づき，経営者として研究開発の方向性・研究指向領域について，直接的な価値的判断を行い，さらにこれらに継続的に強く関わったことは特筆すべきことである。

3代目社長早川三郎は，世界に通用する医薬品の開発を経営理念に掲げ，セファロ系抗生物質「セファメジン」の開発に果敢にチャレンジする。そこで培った発酵・合成技術の向上および両部門の連携は，後のタクロリムス開発の成功に貢献する。セファメジン開発の意思決定は，当時の状況からして直接的な価値的判断であった。

4代目社長藤澤友吉郎（2代目社長息子）は，セファメジンの海外輸出の経験・教訓（本章脚注2参照）から，後にタクロリムスの海外自社開発，自社販売の意思決定を行う。当時の事業見通しでは海外でのリスクを避けるため，ライセンスアウトが妥当な判断と考えられた。しかしながら自身の経営哲学に基づき，自社開発・自社販売に強くこだわり，直接的な価値的判断を行った。これらは結果として藤沢のグローバル化の推進に大きく貢献するとともに，グローバル人材育成の原動力となった。

藤沢薬品工業株式会社の『フジサワ100年史』（1995，以下藤沢薬品社史とする）によれば，2代目社長藤澤は，1895（明治28）年7月28日，大阪市東区（現中央区）平野町に生まれ，幼名を友之助と称した。集英小学校を経て，大阪府立北野中学校（現北野高等学校）を1913（大正2）年に卒業，家業を継ぐため当時の藤沢商店に入る。入店5年目の1918年12月から1921年9月まで藤沢商店ニューヨーク出張所に駐在し，貿易業務を学ぶ。当時の米国は経済成長著しく，この環境下，23歳から26歳までの青年期の

3年間を過ごす。帰国後は副店主を務め，1930年の株式会社藤澤友吉商店への改組と同時に常務取締役に就任，1932年4月，初代社長藤澤友吉の死去に伴って代表取締役社長に就任し，友吉を襲名した。その後，1967年5月に代表取締役会長に就任するまで，35年間にわたって社長を務めた。社長就任後は，戦時色が次第に濃くなっていく中で，製薬企業としての社業の近代化，事業の拡大に尽力するとともに，初代社長から引き継いだ海外事業の展開を精力的に推進し，その地盤を強固なものとした。

終戦後，創業以来の経営危機に直面する。この苦境に際し強固な決断をもって経営陣容を一新，新しい経営陣を統率し，適切な指揮によって危機を脱している。その後，単身渡欧し，スイスのガイギー社をはじめ欧州有力企業との提携を実現して経営を軌道に乗せる。欧州有力企業の研究開発体制を取り入れ，国産初のセフェム系抗生物質セファメジンの開発を成功させて，藤沢を近代的製薬企業に発展させることに貢献した。

このような卓越した経営手腕は，青年期の米国での生活や，その後の海外出張によって培われた国際的視野によるところが大きいと思われる。

戦後間もない1946年11月，2代目藤澤は「科学の振興こそわが国再起の道である」との信念から，私財を投じて財団法人医薬資源研究所を設立する。この医薬資源研究所は，その後藤沢における多くの研究開発人材を育て，また東京大学農学部農芸化学科との深いつながりの拠点となっていく。

4代目社長藤澤氏はインタビューの中で次のように語っている。

「医薬資源研究所の設立発起人藤澤友吉は，私の父ですが，研究所の設立の趣旨については，藤澤友吉の研究開発への思いというものが，あの中に十分反映されているというふうに理解しています。」

当時の設立趣意書は，下記の通り。

設立趣意書：「わが国の敗戦の主たる原因は，科学の軽視にあった。敗戦によって廃墟となり，資源も何もないところから再起するためには，無から有を生ずるような科学および技術の振興を図る必要があります。日本の医薬品はそれまでほとんどが欧米の模倣品であり，独創的な新製品はありませんでした。そこで，医薬品の資源の調査，研究に人材を投

第3部　画期的新薬タクロリムスの創薬・開発と経営者

入し，人類最大の災禍のひとつである疾病の予防と治療に資する医薬品
の研究発見と生産に力を尽くしたい。

2代目社長　藤澤友吉」

　筆者がインタビューの中で，「医薬資源研究所は，戦後藤沢の研究開発の
源流であり，研究者育成の重要拠点であったこと」に質問を向けると，4代
目社長藤澤氏は「父藤澤友吉の医薬資源研究所の設立は，その日の糧をどう
しようかと考えるだけで精一杯という時代の中で，手前味噌になりますが，
立派な趣旨だと言えるでしょう。しかし設立10年後の社内報を見ますと，少
し本音も見えています。発酵部門の研究に力を入れて，将来その方面に進出
する際の中堅の人材を育てたい，と藤澤友吉本人が書いているわけです。財
団法人は公益法人ですから，自社の人材を育てるために財団を運営するとい
うのは，現在の感覚からはあるべき姿ではないのですが，治安維持もままな
らず，闇市が大っぴらに開かれていた時代の話ですから，今のコンプライア
ンスという発想がないのは仕方のないことだったかもしれません」と述べた。

　また，その後1956年5月にペニシリン[1]を製造していた三洋化学株式会社
を吸収合併（詳細は後述）することになるが，その合併にあたり，2代目社
長藤澤は下記のように述べている。

　　「微生物の医薬品への利用ということは，人類がその扉を開いてまだ間
　　もない分野でありますので，科学技術において立ち遅れているわが国
　　が，世界の先進国に伍してゆくことのできる数少ない分野の1つとし
　　て，今後の発展は刮目してみるべきものがあると信じております。

1956年5月 社長 藤澤友吉」

　2代目社長藤澤の研究開発にかける思い，哲学はその後の発酵部門育成と
ともに，セファメジン，タクロリムス等，微生物由来医薬品の発見・開発へ
とつながっていく。

1　最初に発見されたβ-ラクタム系抗生物質で1940年代より臨床で使用されるようになった，そ
の後，適用菌種の拡大と抗菌活性の増大を目的に，ペニシリンの構造を化学的に変換した多数
の半合成ペニシリンが開発され，ペニシリン系抗生物質というグループを形成した。ペニシリ
ン系抗生物質に遅れて，第2のβ-ラクタム系抗生物質セファロスポリンCが発見された。藤沢
薬品の中央研究所ではこのセファロスポリンCからセファゾリン（製品名セファメジン）の合
成に成功した。

第6章　新薬創出の背景

　4代目社長の藤澤友吉郎氏はインタビューの中で，2代目社長の藤澤友吉が薬学よりも農芸化学に関心があった旨，語っている。

藤澤：㈶医薬資源研究所の理事や評議委員の方をずらずらと挙げていけば，発酵関係の先生方が随分おります。2代目藤澤友吉は，薬学よりは農学，発酵関係のほうに興味があった。興味があったというか，日本の薬学はどうも実際的に薬を生み出していないと。実学ではないと考えてたようですね，薬学というのは，学問としてであってね。製品は1つも生み出さんと。非常に学問的な研究はしているけれども，実用的な研究はしていない。

　ところが，農芸化学の人たちの方が実用的な研究をやってるなと。それで，こっちの方にだいぶん関心というか，ウエイトが行ってたんですね。それで東大の農学部に有馬先生のもう一代前の先生ですが，坂口先生という方がおりまして，それからもう1人，朝井勇宜教授，そういう東大農学部の農芸化学をやっていた先生方のほうと関係が深かった。それの仲を取り持ったのは森さんでないかと思うんですけどね。森さんというのはいますでしょ。森實さん。

栗原：初代の東京研究所長です。

藤澤：あの人が学校の関係で，坂口先生を多分知ってたんではなかろうかなと思うんですよ。坂口先生は農学，森さんは薬学で，ともに一高から東大に進学しています。

　坂口先生や朝井先生の流れが，有馬先生と一緒に同じ時代の先生，山田浩一先生に技術的指導を受けて，名古屋工場，ビタミンCにつながっていくわけですよね。ビタミンCの発酵の研究。東京研究所では山崎さんが，ビタミンCの異性体の抗酸化剤として利用した，発酵でつくっとった中性産物ですけども，エルソルビン酸[2]につながっていった。

栗原：その藤沢の研究の歴史を見てますと，東大の有馬先生とか，梅沢先生とか，坂口先生とか，今でいうところの大学での研究を企業がある程度受けてうまくいってるところってありますけども，それの一番走り

---

2 L-アスコルビン酸（ビタミンC）の立体異性体で，6位炭素原子のみの配置が異なるジアステレオマー，酸化防止剤として食品添加物等に使われている。

61

みたいな。そういった大学の先生との結びつきがとても重要だったん
ですね。

藤澤：産学共同というのは，はじめから会社のほうにそういう研究の基にな
るものがありませんでしたからね。やっぱりそれを大学に求めたとい
うことだと思いますね。

栗原：その時に，その間をつなぐ人たちというのは，たとえば森實さんもお
られたでしょうけど，2代目の藤澤友吉社長は，そこのところという
のをものすごく重視。薬学というのはどちらかというと理論的でもの
にならん。むしろ農芸化学というものがあるから，そこのところの思
いがある意味で，東大の農学部農芸化学科とも関係を深めていったと
いうのはありますか。

藤澤：そう思います。

　1894年主として生薬の輸入ビジネスとして創業した藤沢は，第二次世界
大戦前には中国に進出，米国にも事務所を開くなど部分的に国際化の緒に就
いていたが主力はライセンスビジネス[3]で，専らドイツ，スイス等ヨーロッ
パから製品導入を行っていた。ペニシリンビジネスにも参加したが，自力に
よる新製品創出には至らなかった。2代目藤澤には，研究財団の設立により，
ここを東大農学部農芸化学科のアカデミアとの交流の拠点とし，将来の発酵
関係の中堅人材の育成に努めたいという強い意思があった。

　その後，世界に通用する医薬品の開発を明確な企業理念に掲げ，研究開発
重視の姿勢で臨み，セファメジンの開発を直接指揮した3代目社長早川，当
時の研究責任者である中野浩，さらにセファメジンの海外輸出ビジネス[4]を
通じて，強く海外自社販売構想の信念を有していた4代目社長藤澤の価値的
判断は，その後のタクロリムスの研究開発・海外戦略へとつながっていく。
4代目社長藤澤のもとで，特に発酵関連の研究事項については責任者である

3　他企業より製品の開発や販売権の許諾を受けること，もしくは他企業にこれらの許諾を与える
　　こと。

4　抗生物質注射セファメジン（自社開発品でグローバルに通用する製品）を，当時の藤沢の体力
　　からは自社販売できないため，米国スミスクライン社に販売委託する（製品名アンセフ）。原末・
　　ロイヤルティ収入はあったものの，利益の多くは委託先にもたらされ，かつ米国において藤沢
　　ブランドは残らなかった。

第 6 章　新薬創出の背景

今中宏が直接判断を下し，研究マネジメントは，それぞれの行為に直接的・間接的に関与した。タクロリムスは天然由来の物質であり，発酵関連領域の研究により発見されたものである。2代目社長藤澤は戦後いちはやく，発酵研究についての方向性を明確にし，この分野におけるアカデミア（東大農学部農芸化学科）との連携を深めて行った。

6.3. コア技術の蓄積と発展
発酵へのこだわりと三洋化学の買収

〈1945 年～1956 年頃〉

藤沢におけるタクロリムスの発見は，発酵の技術なくしてあり得ないことであり，研究陣の発酵へのこだわりについては，2代目社長藤澤までさかのぼる。2代目社長藤澤は微生物の医薬品への利用に強くこだわり，ペニシリンについても戦前から強い関心を持っていた。戦後ペニシリンの生産がピークを迎え，下落傾向にあった時，ペニシリンメーカーの三洋化学（当時業界第2位）の買収に踏み切る。

三洋化学は，当時抗生物質のバルクも手がけており，ペニシリン以来の優秀な発酵研究者と技術陣を擁していた。しかしながらペニシリンの需要は副作用（ペニシリンショック）を契機にピーク時の半分以下に落ち込み，価格も8年間で200分の1となっていた。事業採算性の視点（事実的判断）からすれば，買収の判断は極めて難しいといわざるを得ないが，経営者は自身の哲学，理念に基づき買収を決定する。これは経営者の価値的判断の典型例といえる。

ここで獲得した発酵技術と優秀な人材は，その後の藤沢の研究開発体制を決定づけ，その後のセファメジンの開発に貢献するとともに，タクロリムスの発見，開発に大きく貢献する。

1956 年の社内報の中で2代目社長藤澤本人が「発酵部門の研究に力を入れて，将来その方面に進出する際の中堅の人材を育てたい」と書いている。三洋化学の買収は，藤沢の研究陣が発酵分野へ進出する大きな契機となった。これらの背景を含め，その経緯を以下に記す。

63

第3部　画期的新薬タクロリムスの創薬・開発と経営者

　1929年に英国の微生物学者A. フレミングによってペニシリンは発見されたが，工業化の研究は米国イリノイ州ピオリア市にあるNRRL（北部学術研究所）において，1941年6月からはじまった。近くに住む婦人が持ち込んだメロンの青かびQ176が原菌となり，改良を重ねて力価[5]を飛躍的に上げていった。1946年1月には米国からJ. W. フォスター博士（メルク社技師，後にテキサス大学生化学部教授）がペニシリンの生産指導のため来日し，この時菌株を携行した。

　角田の『碧素・日本ペニシリン物語』（1978）によれば，1943年から陸軍と海軍でそれぞれ文献を頼りにした独自の研究がはじまっていた。陸軍軍医学校を中心とした研究グループは製品化に成功し，1944年11月に森永薬品と萬有製薬の2社で生産がはじまった。やがて終戦とともに，わかもと，八洲化学が加わり，ペニシリンは4社で生産されていたが，前述のフォスター博士の来日で米国の最新技術がもたらされたため振り出しに戻ることになった。

　藤沢薬品社史によれば，藤沢も海軍から協力を求められ，帝塚山研究所を中心に研究を開始したが，終戦で途絶えていた。一方，三洋油脂株式会社の名古屋の工場では，戦後の1946年4月からペニシリンの研究に着手し，速いスピードで実績を挙げており，2カ月後には製造許可申請用のサンプルを製造し東京へ運んでいる。この時フォスター博士は指導のため三洋油脂の工場を訪れている。そのころ藤沢の研究は途絶えたままで，まだそこまで手が回らなかった。フォスター博士の日本でのペニシリン生産講座は1946年11月に行われたが，それは細菌の培養，抽出の化学など基礎分野だけではなかった。検定，バッチの概念，記録の重要性，さらには機械設計技術の重視など，製薬近代化の基礎材料が博士によってもたらされた。この講座はわが国のペニシリン工業だけでなく日本の製薬産業の復興に大きく寄与した。

　三洋油脂ではこの成果[6]を早速取り入れて生産規模を拡大し，1947年11月には1tタンク3基が稼働した。続いて翌1948年11月にはわが国で最初

5　力価とは医薬品が一定の生物学的作用を示す量のこと。
6　本研究の鯵坂氏インタビューによると，ここでの成果とは，当時日本で従来広く行われていた広口瓶培養からタンク培養への切り替えを意味する。

64

の 13t 培養タンク 1 基を設置している。1948 年の三洋油脂の生産量は 26 億単位[7]。これはわが国全体の 11%，業界第 2 位という数字であった。1949 年 11 月，三洋油脂の第二会社として三洋化学が名古屋に誕生した。当時藤沢は，三洋油脂との間にペニシリン一手販売の契約を結んでいたが，三洋化学には発足時から資本と経営に参画することとなった。

　三洋油脂は 1943 年 3 月に軍部の要請により発足した会社である。もともと航空機用の潤滑油製造を目的とし，三井本社と東洋レーヨン株式会社の折半出資で設立された。名古屋市西区にあった東洋レーヨン愛知工場の土地，建物を借りて業務を開始している。終戦によって潤滑油生産は中止となったが，工場にはペニシリン生産に必要な建物やタンク，冷凍機，空気圧縮機などの諸設備が揃っていたためペニシリンへの転業が決まったのである。

　三洋化学はこれを受け継いでペニシリン生産中心の企業としてスタートし，その後，日本のペニシリン生産量は数年で米国に次ぐ世界第 2 位へと躍進した。しかし，生産量の増加とともに価格は急激に下がり，1947 年頃は 3 万単位で 400 円であったものが 1955 年には 300 万単位で 200 円と，8 年間で 200 分の 1 となっていた。ちなみに生産量は同期間で比較すると 6000 倍であり，三洋化学の場合は実に 1 万 2000 倍にも達していた。それは製造各社の生産技術の向上と激しい販売競争がもたらした状況であり，時には採算度外視ということさえあった。三洋化学のペニシリン製造技術はこのような時代を生き抜いてきた。そしてこの間に習得した優れた発酵技術と社外の優秀な研究者とのネットワークの形成は，次のトリコマイシン[8]の開発・製品化につながっている。

　同じく藤沢薬品社史によれば，ペニシリンの後，抗生物質はストレプトマイシン，クロラムフェニコール，テトラサイクリン類，エリスロマイシンほか，海外で発見，実用化されたものが続々と到来し，たちまち医薬品生産の中の主要な座を占めた。抗生物質の研究には世界の多くの学者が加わり，激しい競争が展開された。

7　ペニシリンの 1 単位は 0.27 μg。
8　放線菌（真菌と細菌の中間に位置する微生物）の一種で Streptomyces hachijoensis の菌体から抽出される抗生物質の 1 つ。黄色の粉末でカビ，現虫類に有効。

第3部　画期的新薬タクロリムスの創薬・開発と経営者

　1956年5月，東京大学法学部尾高朝雄教授が歯科医師のペニシリン注射によってショック死するという衝撃的なニュースが大きく報じられ，国会で緊急質問が行われるなど社会的問題になった。それ以降ペニシリンの使用は激減し，生産量はピーク時の半分以下に落ち込んだ。三洋化学も例外ではなく，ペニシリンの価格低迷から来る負担は大きく，これらは三洋化学に重くのしかかっていた。三洋化学は抗生物質のバルクメーカーとしてペニシリン以来の優秀な発酵研究者と技術陣を擁していたが，工場は東洋レーヨンからの借り物であり，人絹工場から転換したものであったため設備も陳腐化し，生産能力に限界が出てきた。さらには工場用地返却の要請が東洋レーヨンから出されていた。三洋化学製品の販売と資金面を担当していた藤沢は新工場の建設を決め，この機会に三洋化学を吸収合併する方針を決定する。合併に当たって2代目社長藤澤は，1956年5月株主への合併趣意書の中で，前述の通り合併理由と期待について述べている。

　趣意書に見られるように2代目社長藤澤は，今後の藤沢の研究指向領域をはっきりと天然物の医薬品（発酵）と定めていることがよくわかる。すなわち藤沢の天然物医薬品探索の歴史は，この名古屋の三洋化学にまでさかのぼるのである。先に述べたペニシリンブームの終末期に藤沢の傘下に入った三洋化学の発酵技術の伝統と優秀人材が，その後のセファゾリン（製品名セファメジン）生産に生かされ，さらに本書の主題であるタクロリムスで花を咲かせることになる。

　4代目社長藤澤氏はインタビューの中で次のように答えている。

藤澤：三洋化学の買収の話ですね。三洋化学から何を得たかというのは，これは，技術と人材だと思います。けど，三洋化学をなぜ買収したいかとこの頃思ったのは，ペニシリンだと思いますよ。ペニシリンが欲しかった。その当時，大手と呼ばれるところは，ペニシリンを持っていたんですよ。何らかの方法で導入して。ところが，藤沢はどういうわけか，ちょっと出遅れましてね。ペニシリンが手に入らんので，ペニシリンが欲しいなと思っていたこと，それからちょうど東洋レーヨンでしょうな。東洋レーヨンがペニシリン，発酵の事業売却をしようと考えたんでしょうね。三洋化学は東レの子会社で，東レはこの医薬事

業をやめ，本業に集中しようと考えたんですね。ちょうどタイミング
が一致して，買収ということになったんじゃないでしょうかね。その
時にトリコマイシンがちょうど。

栗原：付いてきた。

藤澤：やってましたからね。トリコマイシンがまだ研究段階だったんですけ
れども，入ってきたと思います。それで，最初に三洋化学を買収しよ
うと意思決定したのは誰かというけど，私はそれは知りません。

栗原：これは第2代社長藤澤友吉氏の意思が大きかったんですかね。

藤澤：それは実際には知りません。その頃は，まだ私は東北大学の学生の頃
ですから。

栗原：三洋化学の買収によって，藤沢の発酵技術とか，人材とか，その部分
を。

藤澤：それは増えましたね。それまでは，小規模ながら当社工場，あるいは
京都研究所で乳酸，あるいはグルコン酸の発酵の研究を行っていまし
たから，技術者，研究者は少人数はいたかもしれませんが。

栗原：増えたんですね。

藤澤：東京研究所にも，もともと発酵関係の人はおりました。研究者が。で
すけども，三洋化学の買収によってたくさんの発酵関係の現場の技術
者を，現場を知ってる人たちを随分得たんじゃないかと思います。私
が知ってる範囲でいうと中野さんね。

栗原：中野遵さん。富士工場長をやられた。

藤澤：それから，鰺坂さん，今中さん，鯉渕さん，古城さんもそうですけど
ね。

栗原：もう1つ，関連した質問なんですけど，三洋化学を買収した後，藤沢
のその後の重要な役員に三洋化学出身者が多く登用されているのです
ね。中野遵さんが取締役，鯉渕さんも名古屋工場長，医療関連事業部
長古城さん，鰺坂さん，福岡さん，三好さんも取締役，今中さんも専
務まで行かれて，そういうふうに買収した会社の人たちを，藤沢本社
の役員にどんどん引き上げていった。というのはやはり2代目社長の，
有意な人材であれば，登用するという考え方だったのでしょうか。

藤澤：それはね，藤沢にそういう方面の人材が少なかったから，必然的に上
がってきたんだと思いますよ。薬学のほうの合成研究者とか，技術者

第3部　画期的新薬タクロリムスの創薬・開発と経営者

はいましたけどね。そういう発酵の実際の技術者ないし研究者は，ほとんどおりません。全然いなかったということではないけれども，ほとんどいなかった。そういう発酵を使った製造なんかやっていませんでしたから，おらんかったわけですね。ですから，もうその人たちを重要視したというのは，当然の成り行きがあったのではないかなと思いますね。

栗原：そこで得た最大のものは人材と発酵技術だったのですね。

藤澤：そうだと思いますね。うちのほうのペニシリンは後発でしたし，製品として成功したとは思いませんけど，三洋化学の買収を通じて，将来の人材を得ることができました。セファロスポリン等，発酵の実業化に向けて，大いにあの人たちが貢献してくれたというふうに思いますね。

　この時に三洋化学から藤沢に移った人材は，鯉渕恒吉（1941 年東大農芸化学科卒），鯵坂六彌（1951 年東大農芸化学科卒），今中宏（1953 年鳥取大農芸化学科卒），古城健三（1953 年東大農芸化学科卒），中野遵（1949 年東大工学部卒），福岡史郎（1953 年名古屋市立大薬学科卒），三好歳雄（1955 年京大農芸化学科卒）等であり，彼らはその後藤沢の発酵研究・生産の発展に大きく貢献し要職を得ている。

　2014 年 11 月，88 歳の鯵坂氏にいろいろと話を伺うことができた。東大農芸化学科の卒業生のこと，三洋化学入社のいきさつ，三洋化学時代のこと，藤沢へ統合された時のこと，発酵での業務，藤沢の風土，当時の 3 代目社長の早川氏のこと，さらには研究指向領域における技術予測等である。

6.4. コア人材の確保と育成
発酵分野における酒井平一の存在

〈1945 年〜1980 年頃〉

　2 代目社長藤澤は，ペニシリンをはじめとする微生物から製品をつくり出すことに強い関心を持ち，三洋化学を買収これにより藤沢は発酵技術と優秀な人材を取り込んだが，これらの次に核となる人材は藤沢の中でどのように

形成されていったのか。これについては，酒井平一（1943年東大農芸化学科卒）抜きには語ることができない。

　戦後，藤沢における初代の発酵チームのリーダーは間違いなく酒井（藤沢入社は戦後）であった。彼は研究者という点においても優れていたが，特に人材を育てることが得意であった。

　後の6代目社長となる青木初夫も東大農学部農芸学科卒業後の就職にあたり，酒井に勧められ，入社の願書まで届けてもらったと述懐している。

　酒井という発酵分野におけるキーマンの入社に直接関わったのは2代目社長藤澤である。これら中長期的な視点での人材獲得は事実的判断ではなく経営者の価値的判断に基づくものである。

　藤沢の発酵部隊をリードしたのは，今中（後の研究開発総本部長）と青木であるが，その前に発酵の研究者として入社し藤沢のコア人材育成（発酵）に貢献した酒井の存在を忘れてはならない。

　酒井に関する，4代目社長藤澤氏と6代目社長青木氏のインタビュー内容は以下の通りである。

栗原：その酒井先生，藤沢における影響というのは非常に大きかったんですか？
藤澤：先生は研究者をつくるというか，人をつくる上では非常に貢献された方だと思います。学識も深かったし。人の育成において，大きな貢献があります。また，研究面でもその菌を選ぶとか，選択とか，菌の分類であるとか，そういうことは非常に知識も実技もちゃんとできる人だったと思います。
栗原：青木さんもあの時，酒井先生によってかなり影響を受けた部分もあると。酒井先生と有馬先生というのは，どういう関係なんでしょうか。
藤澤：両方とも坂口先生の弟子で，有馬先生は先輩なのかな。
栗原：坂口先生の弟子なんですね。
藤澤：坂口先生の弟子やと思いますね。二人とも，有馬先生も，酒井先生もね。そして，酒井さんは医薬資源研究所員として，東大の農芸化学のほうに留学して，何年おったんかな。長いこといたから，学生さんの中には，これは大学の先生やとばっかり思っていたという話がありま

した。医資研から派遣されている研究員だなんて知らん学生が随分いたという話でした。

同じく，青木氏は，下記のように述べている。

栗原：青木さん，藤沢薬品入社は，昭和35年ですね。

青木：昭和35年，1960年です。

栗原：当時，藤沢はまだ売り上げもあまり大きくなかったですが，やっぱりここは酒井先生の関係で。

青木：酒井さんが藤沢への入社に熱心でね，すぐ来いというのでね，入りました。

栗原：酒井先生は，後に大阪府大の教授になられていますね。

青木：酒井先生が藤沢における発酵の初代なんです。あの人は非常に温厚な性格で，人望があったのと，上からの信頼があったので，それで発酵がもったのは，1つは，あの人がそういう盾になってくれたこともあると思うんですね。

栗原：ちょうど青木さんの上司にも，一時なったんですね。

青木：一時，なっていました。僕が入社したのは，そもそも酒井先生の所へ行ったら，酒井さんが医薬資源研究所にいて，そこで発酵をやっていたのが酒井さんなんですよ。その下に今中さんがいたんです。

栗原：今中さん（後の研究開発本部長，藤沢の発酵を強く牽引した。）はその時は，まだ三洋化学ですか？

青木：三洋化学買収後です。今中さんとか鯵坂さん，三洋化学で一緒だったでしょ。鯵坂さんは名古屋工場へ行って，今中さんが医療資源研究所に行った。医療資源研究所の発酵ができて，そこに酒井さんがトップでいたんですよ。それで，酒井さんがいろんなところから人材を引っ張ってきたんです。向阪さんとか，僕とか。藤沢の発酵の初代であり，基礎をつくり上げたのが酒井先生です。

栗原：酒井先生なんですね。その縁で青木さんも呼ばれてきて。

青木：何かたまたま学部にいた時に，遊びに行ったら酒井さんが，ぜひ藤沢に来なさいよとか言ったんですよ。そしてすぐその手続きをしてくれて，僕は会社に入ったのにもかかわらず，給料をもらって大学院へ行っていたんです。

栗原：医療資源研究所から行ったんですね。

青木：酒井さんはそうやって人材集めたり，育てたりすることに非常に力を入れた人だったんですよ。そういうそれぞれのところで，結構これはキーポイントでもあるんです。

栗原：酒井先生の存在というのは。

青木：大きかったんです。人を育てる。今中さんを東大有馬研究室とかへ出したのは酒井さんです。酒井さんは有馬研究室の出身だから。

栗原：有馬先生，東大の農芸化学。

青木：農芸化学。それで今中さんを出し，三好さんを出し，僕は遺伝学へ行って。

栗原：向阪さんも有馬先生の所へ行っているんですよね。青木さん，学部の時は，有馬研究室ではなかったのですね。

青木：僕は生化学だったんです。会社へ入ってから，僕もちょっと有馬研，発酵と違うところへというので，微生物遺伝，今のバイオテックの走りみたいなところへ僕は行ったんです。

栗原：そういう意味では，酒井先生は。

青木：人材という意味では，ほとんど酒井先生の息がかかっている。後藤さんもそうですからね。

栗原：なるほど。後藤さん，木野さんも。

青木：木野さん，みんなあの辺は。

栗原：田村學造先生にも影響を与えた。

青木：そうです。田村先生とは酒井さんはほとんど同じくらいで，有馬先生の下にいて，企業に入ったのは酒井さんで，田村さんは大学に残られた。

栗原：そういうことですか。酒井先生はもうお亡くなりになられて。

青木：なられました。

栗原：そうすると，藤沢の外部から影響を受けたのは，やっぱり有馬先生の発酵哲学というんですかね。あと，それを受けた酒井先生の。

青木：人材という意味でね。

栗原：人材という意味で。

青木：それで，発酵を引っ張るという意味で，今中さんが頑張ってくれて。

栗原：そういうことですね。

第3部　画期的新薬タクロリムスの創薬・開発と経営者

栗原：それで藤沢に入られたと。酒井先生は温厚で，人材を育てられたのですね。

青木：酒井先生はね，わざわざ大学への入学（留学）の書類まで取りにいってくれたんです。俺が取ってきてあげるから，ということで（笑）

栗原：そうですか。

青木：そういうものすごい面倒見が良かったですね。

栗原：酒井先生がそういう発酵人材の，ある意味でオリジナルだったんですね。酒井先生と田村學造先生というのは，仲は。

青木：悪くはなかった。

栗原：お二人とも有馬先生の門下生ですね。

青木：ただ，一緒にはちょっと無理だったと思います。

栗原：なるほど。

青木：だから，産業界へ来るのと，アカデミアに残るのとに分れたと思います。

　また，タクロリムスを発見した後藤，木野も東大農学部農芸化学科出身であるが，酒井について，後藤氏はインタビューで下記の通り語っている。

後藤：酒井平一先生は，坂口研究室で，有馬研究室の助手だったんだ。それを藤沢が引っ張ってきて，それで発酵の頭にすえたんだ。酒井先生は。

栗原：大阪府大のほうの教授になりましたよね。

後藤：府大に移られて，それから最終的には玉川大に移られて亡くなられたけど。

栗原：酒井先生っていうのは，非常に人材育成っていうんですか，人を育てるということで，藤沢の中で大きな貢献を果たしたんじゃないかなと思うとこありますけどね。

後藤：僕が就職する時も，多分酒井先生のところに田村先生から話が行って，最初僕は。

栗原：藤沢じゃなくて。

後藤：ええ，三共にって話があったんだ。三共にすぐ来てくれっていわれて，9月ぐらいに来てくれっていわれたんで，いやいや，まだちょっとあれなんでっていったら，そのうち，関西だけど藤沢もあるからってい

72

うんでさ。そしたら酒井先生の話になって，それで三原さんが来てくれて，酒井先生（既に藤沢で発酵のヘッド）のとこで何か，誰かの歓迎会みたいのあるからっていって，飯でも，酒でも飲んでいったらどうかって，酒飲ましてもらって，なかなか感じいい会社だからちょっと行こうかなとかいって。

栗原：後藤さん出身は東京ですよね。

後藤：そうそう。

栗原：関西に行くことには抵抗はなかったんですか。

後藤：研究室と藤沢薬品の関係があったからね。

6.5. 東大農学部農芸化学科出身者の発酵グループへの取り込み

〈1945 年〜1980 年頃〉

　タクロリムス発見につながる藤沢の発酵の歴史は，前述の酒井をはじめとして，東大農学部農芸化学科の卒業生や有馬研へ留学した研究員の活躍を抜きには語れない。藤沢と関係の深かった有馬啓は，1958 年から 1977 年まで東大発酵学教室の主任教授を務めている。

　有馬の哲学は「微生物に裏切られることはない，微生物の中には必ず何かが潜んでいるはずである」であり，この哲学は，有馬研に留学した今中をはじめ藤沢の発酵のキーマンに直接，間接，強い影響を与えた。発酵から長い間製品が出なかった苦しい時期にも耐えることが出来たのは，この有馬哲学が影響しているのかも知れない。

　有馬の師にあたる坂口謹一郎教授とのつながりをはじめたのは，微生物由来の物質に強い関心を有していた 2 代目社長藤澤である。経営者として中長期的な視点で，良質な研究開発人材の継続的な確保を可能にするため，東大農芸化学科教室との強いつながりを自ら求めたのである。経営者としての価値的判断の 1 つである。

　これらの発酵人材は連綿としてその後の藤沢の研究開発の中枢を担い，タクロリムスの発見・開発へとつながっていく。

　藤沢における発酵研究者のキーマンは，東京大学農学部農芸化学科卒業者

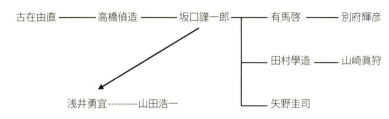

図 6.1 東大農学部農芸化学科　教授の系譜　　　　　　　　　　筆者作成

および，有馬研究室留学経験者によって占められている。前述の通り，酒井をはじめとし，そのつながりで人材が入社した。三洋化学から藤沢に移ってき人材の中にも卒業者が存在し，その後藤沢の発酵部隊で成果を挙げていく。

東大農学部農芸化学科の系譜について整理すると図 6.1 のようになる。

「東京大学農芸化学科発酵学教室小史」（有馬）によれば，教室主任教授は初代古在由直教授にはじまり，その後高橋偵造教授，坂口教授，有馬教授，別府輝彦教授とつながっている。藤沢と関係の深かった有馬は，1958 年から 1977 年まで発酵学教室の教授として，また，有馬の弟子である田村學造は 1969 年から 1983 年まで教授を務めている。

有馬の研究室は日本の発酵学の基礎をつくり，同時に多くの人材を輩出したのである。

藤沢と東大農芸化学科とのつながりについてみると，酒井平一（1943 年農芸化学科卒）からはじまり，鯵坂六彌（1951 年東大農芸化学科卒），今中宏（1956 年東大有馬研究室に留学）をはじめ，古城健三（1951 年東大農芸化学科卒），青木初夫（1960 年東大農芸化学科卒），向阪正信（東大有馬研究室に留学），奥原正國（1964 年東大農芸化学科卒），三好歳雄（京大農芸化学科卒，有馬研究室留学）吉田啓造（1968 年東大農芸化学科卒）とつながり，さらにタクロリムス発見に直接かかわった後藤俊男（1971 年東大農芸化学科卒，田村學造研究室），木野亨（1976 年東大農芸化学科修士課程修了，田村學造研究室）へと，見事に連綿としてつながっているのである。

第 6 章　新薬創出の背景

6.6. 発酵への研究予算の確保と継続的投下
発酵グループが成果を出せない中での経営者の我慢

〈1960 年～1983 年頃〉

1980 年代前半まで藤沢の研究所で，常に光が当たっていたのは合成グルー
プであった。大型製品セファメジンについては発酵グループによるセファロ
スポリン C.Na 塩（CCNA）の力価向上がなければその生産性は限られてい
たし，その後のピロールニトリン，チオペプチン，トリコマイシン，ビコザ
マイシン等においても，発酵グループは一定の成果を挙げていた。

しかしながら，やはり NRDC（イギリスの国立開発公社）の菌株から中
間体を経てセファゾリンをつくり上げた合成グループの手腕の方が高く評価
されていたのである。

「発酵グループは，金を喰うがものが出ない」と陰口を叩かれ，苦渋の時
代がしばらく続く。しかしこの間，発酵の技術を途絶えさせることなく研究
を継続させ，物資両面で支えたのが 4 代目社長藤澤であり，後に研究本部長
になる今中，青木であった。医薬品の創薬において，有用な新物質が発見さ
れるか否かは賭け的な要素も強く，ものがでない間，経営者がどこまで我慢
できるか，研究者と経営者の我慢比べでもある。ここで経営者に求められる
のは，事業採算的な事実的判断ではなく価値的判断であり，この我慢はその
後タクロリムスの発見につながる。

発酵技術の継続について，山下道雄氏は，インタビューで下記の通り述べ
ている。

栗原：ずっと藤沢の発酵の歴史というのが，三洋化学をベースとして延々と
　　　続いて，今中さん，青木さんからはじまって，登場人物でいくと，向
　　　阪さん，奥原さん，後藤さん，木野さんであり，その一方で，そのセ
　　　ファメジンの合成に成功した段階で発酵チームが苦戦というか，焦り
　　　が出て，当時合成グループに光が当たっていたんですかね。
山下：そうだと思います。ただ，その中で，今中さんは技術を消さないため
　　　に，いろんな手を打っているんですね。向阪さんなどの若手研究者を

75

どんどんアメリカのNIHなどの公立の研究機関や，大学（MIT）などの研究室に留学に出して。また次の世代については，これからは免疫だといって免疫研究をさせたのが青木さんで，奥原さん（カナダ）や後藤さんを留学に出した。

栗原：発酵の技術にこだわり，技術を残していきたいという思いは，どなただったんでしょうか。

山下：やはり，4代目社長藤澤友吉郎さんだったかもしれません。私が藤澤さんとお話をしていて，ビタミンCや特薬品（グルコン酸）などをやったりとか，いろいろ発酵から何かをしたいという思いがありましたね。藤澤さんが結構すごかったんですね。

栗原：そうなんですね。

山下：いろんなものをこうやってきた，この技術を何とか残したいと。

また青木氏は，発酵が苦しかった時代を振り返って，下記のように述べている。

栗原：この時に，そのセファメジンチームは，どちらかというと合成が。

青木：合成です。紙谷さん，服部さん。

栗原：当時，研究所の中でも合成に光があたってて，どちらかというと発酵は，「金は食うけど，なかなかものがでない」といわれた時代があったとお聞きしましたが。

青木：僕らはいつもね，「俺たちは地方区だから，中央にはかなわない」といってたんです。（笑）

栗原：発酵の苦しい時代が続くと，その段階で経営者はやめようかと諦めちゃうんですけど。

青木：続けてましたね。

栗原：発酵によりビタミンCの誘導体をつくるとか，いくつかあったんですけど，苦しい時代が続きました。その時に今中さんや青木さんが，頑張って継続させようとするんですね。

青木：続けたんですね。

タクロリムスの発見後，動物実験で一部毒性も確認され，将来の開発が危ぶまれた時にも，当時のトップはネガティブに発言をすることはなかった。

この時の様子を青木氏は下記の通り語っている。

栗原：タクロリムスが発見された当時，日本では移植のマーケットというの
　　　はほとんどなかったのでは？

青木：なかったですね。だから……。

栗原：日本ではビジネスになるかどうかわからないと。いわゆる日本人の宗
　　　教観ではなかなか臓器移植には行かない。海外のシクロスポリンで，
　　　ある程度マーケットができつつあったものの。

青木：でも，まだ小さかったし。そんなにシクロスポリン[9]がいいビジネス
　　　だったのわからなかったんだけど，ただ僕はその時に，藤沢のトップ
　　　が偉かったなと思うのはね，こんなものしょうもないからやめろとい
　　　うことは一切言わないね。早川さん，藤澤さんそれから藤山さんもそ
　　　うですね。ネガティブな発言というか，上からあまりなかった。ある
　　　意味，放任でしたね。（笑）

栗原：そうですね。それは藤澤友吉郎さんのところに，インタビューへ行っ
　　　た時にも仰ってました。自由にやってもらったと言ってました。

青木：そういう意味で，ネガティブな発言が上からなかったというのは，非
　　　常に大きい。

栗原：下にとってはやりやすいですね。

青木：やりやすいです。

▍6.7. セファメジンによる研究開発の飛躍的向上と発酵・合成の連携

〈1960 年～1970 年頃〉

合成セファロスポリン[10] 開発権利獲得の意思決定についてみると，当時資

9　1970 年ノルウェーの土壌から見つかったカビの抽出物質。新しい抗生物質の探究中，1974 年に
　免疫抑制作用が強いことが発見され，1978 年臨床に初めて使用される。翌年，アメリカでも 3 大
　学が腎臓移植後の拒絶反応抑制薬として使用，旧来の治療と比較しと著しい治療成績を上げた。
　現在は，単独ではなく，プレドニゾロン，アザチオプリンなどと併用されて投与されている。

10　出発原料であるセファロスポリン C は真菌の中の不完全菌類セファロスポリウムが産生する β –
　ラクタム抗生物質。ペニシリンに類似してグラム陽性菌とある種のグラム陰性菌，ペニシリン
　耐性菌にも有効であるが，それ自体は抗菌力が弱く，合成ペニシリンと同様化学構造を修飾し，
　合成セファロスポリンとすることで抗菌力が飛躍的に向上することが期待された。

第3部　画期的新薬タクロリムスの創薬・開発と経営者

本金が8億円という状況下，海のものとも山のものともわからないものに，はじめ5000万円，さらにその先研究費に数億円がかかるというプロジェクトは，事実的判断からすれば間違いなく却下される案件である。当時は，競争の激しい医薬品業界では一発長打よりも着実にヒットを重ねて得点を稼いでいく堅実さが求められていたからである。事実これらの理由により，研究サイドは開発権利獲得に反対であった。

　しかしながら経営者は，果敢にGoの意思決定する。「世界に通用する医薬品の開発」という経営理念を具現化するための価値的判断である。仮に開発に失敗してもそのプロセスを通じて研究開発力の向上が図られ，さらに発酵と合成の連携がうまくなされれば，それは必ず藤沢の研究開発力向上につながると読んだのである。

　藤沢薬品社史によれば，セファロスポリン群抗生物質の歴史は古い。1951年，イタリアのG. ブロツという細菌学者が，イタリアのサルジニア島の下水の泥の中からセファロスポリウムと呼ばれるカビを分離し，その培養液が弱いながらも抗菌作用を持っていることを見つけたのが最初である。その後，このカビの研究は英国に引き継がれ，1960年オックスフォード大学の研究グループが，その抗菌作用がセファロスポリンCという新物質によるものであることを突き止めた。しかしながら，セファロスポリンCには大きな，しかも致命的な欠点があった。抗菌力が弱いことである。ただ過去ペニシリンの化学構造を修飾し，合成ペニシリンにすると抗菌力が飛躍的に向上することが知られており，ペニシリンと同じβ-ラクタム[11]に属するセファロスポリンCについてもその可能性が残されていた。世界中の薬学者がこれに望みをかけた。

　そこで，その知的財産権を保有するNRDCは広く世界に「合成セファロスポリンの開発」を呼びかけ，開発を手がける企業を募集した。従来からのビジネスに限界を感じていた藤沢は"真に市場・医療現場が必要とする医薬

---

11 化学構造的には四員環のラクタム（環状アミド）であり，窒素原子がカルボニルのβ炭素に結合しているためこの名で呼ばれている。β-ラクタム環は複数の抗生物質の核となる構造である。主なものにはペニシリン，セファロスポリン，カルバペネム系抗生物質，モノバクタムなどがあり，これらはβ-ラクタム系抗生物質と呼ばれている。これらの抗生物質はほぼ全て細菌の細胞壁の合成を阻害する作用を有する。

品を自力で創出”しようと，1961年米国リリー社，英国グラクソ社と並んでこのプロジェクトへの参加を決定し，NRDCと選択的契約を締結した。契約金は，当時年間研究費の7.7％にあたる5000万円を支払い，“耳かき一杯”の生産菌を入手する。

　また，藤沢の歴史の中で長らく語られてきた，1960年9月本社で開かれた常務会の状況についての話がある。2代目社長藤澤，早川（当時常務，後の3代目社長）が予想した通り，常務会はセファロスポリンCの特許導入の件で紛糾した。導入反対の声は特に研究畑から強く上がった。海のものとも山のものともわからないものに5000万円，さらにこの先研究費に数億円もかけるのはあまりにも冒険的過ぎるのではないか。それだけの研究投資を他に振り向ければもっと確実に新製品が出せるのではないか（当時の資本金は8億円）。研究者として未知の分野に取り組むことは魅力がある，しかし企業にあってはめったな失敗は許されない。とりわけ競争の激しい医薬品業界では一発長打よりも着実にヒットを重ねて得点を稼いでいく堅実さが必要ではないか，というのが反対の理由であった。

　激論の末に沈黙が訪れ，意見は出し尽くした。早川氏へのインタビュー（1978年5月）によれば，2代目社長藤澤は「やろう」と腹に決めていた。ただそれを口に出していわない。その沈黙を破ったのは早川であった。「やろうやないか。たとえモノにならんでもかまへん。技術を磨くいいチャンスと思えばええ」と早川は言った。当時，医薬品業界各社は研究開発に力を入れはじめていた。藤沢も例外ではない。しかし，研究開発力の向上には掛け声だけではなく，何かその足がかりがないといけない。その点，合成セファロスポリンのプロセスは，発酵生産，合成という新薬開発の2つの大きな方法を含んでいる。それに薬効スクリーニングも大がかりになることから，研究開発力を向上させる格好の材料ではないか，開発が難しいというならそれだけ高い技術が身につくはずだ，と早川は常務会で説いた。2代目社長藤澤の「それじゃ，やろう」という言葉が決定打となった。これは，経営者としての事実的判断ではなく，価値的判断での意思決定と言える。

　藤沢薬品社史によれば，セファロスポリンCの初期の生産性はきわめて低く，1mlあたり0.1mgと実用にほど遠く，十分な研究材料にも事欠く状況

第3部 画期的新薬タクロリムスの創薬・開発と経営者

であり，菌の変異処理と選択，培地，培養条件の改善，生産に適した細胞形態の解明，大量生産に適した培養設備の機械メーカーとの協力による開発検討等きめ細かい作業・改良が続けられた。作業は成功し最終的には生産性は初期の300倍以上に到達している。藤沢では1960年から2001年生産終了時までに100tタンク5000Lotを稼働し2000tを超えるセファロスポリンCを生産した。先に述べたペニシリンブームの終末期に藤沢の傘下に入った三洋化学の発酵技術の伝統が藤沢のセファロスポリン生産に生かされ，新しいプロジェクトで花を咲かせることになる。

　一方セファロスポリン側鎖の化学的開裂反応[12]も合成化学研究者の努力によって確立され，新しい誘導体の合成とその評価がはじまった。第7位（ペニシリンでは第6位）側鎖の変換によってセファロスポリン，ペニシリン等ベータラクタム抗生物質は抗菌活性が大きく変化することが確認された。抗菌活性測定法の効率化，当時問題になりはじめたグラム陰性桿菌[13]への抗菌力増強，代謝を受けがたく血中持続性の良い，腎毒性の低い化合物の探索の粘り強い努力が合成化学者，抗菌・薬理評価研究者のチームワークで続けられた。さらに実用的な製造法の開発・確立，精製・結晶化研究，製剤化研究等多方面にわたる努力と動物での安全性，代謝特性の試験，続いて臨床における安全性，有効性の実証試験と創薬研究活動の基礎ともなるべき長い開発プロセスを経てその側鎖を酵素的に切断し，7-アミノセファロスポラン酸（7ACA）を得ることに成功（1963年）し，合成部門（大阪市）において，この7ACAに各種側鎖を導入する中からセファゾリン（一般名）を見いだした（1968年）。

　そしてデータがまとめられ，学会に発表されるとともに日本におけるセファゾリンの製造申請が厚生省（現厚生労働省）に申請された。契約から10年後の1971年4月に承認を得て，8月に国産初のセファロスポリン系抗

---

12 長い炭素原子の連鎖（主鎖）から枝分かれしている部分を化学合成により切断し，新たな化合物とすること。
13 緑膿菌やセラチア菌といった，自然環境に存在する常在菌。グラム染色をという方法で，ピンク色に染まるものを陰性菌，青く染まるものを陽性菌といい，細長い形を「桿菌」という。グラム陰性桿菌は呼吸系，泌尿器系，消化器系に障害を引き起こすため健康なひとでも高熱を発したり時には命にかかることもある。

生物質セファメジン（商品名）を発売するに至った。NRDC との間で選択
権契約を締結した企業は世界で9社を数えたが，そのうち実際に研究を継続
し，セファロスポリン系薬剤を世に出したのは，欧州のグラクソ社，米国の
リリー社と日本では藤沢の3社のみであった。

　セファゾリンの開発は藤沢における創薬研究・開発のためのインフラ構
築，整備に大きな役割を果たした。メディシナルケミストと薬理研究者との
協力によるシード創出からはじまり，長い開発過程を経て上市に至るプロセ
ス，申請から審査，許可，発売に至る規制要件への対応，何よりも高い倫理
に基づいた信頼性の高い業務執行の経験は社内での創薬インフラの基礎を固
め，欧米先進国の製薬企業と対等に競争できる社内体制確立，個々のメン
バーの実力と自信の養成を可能にした。さらに抗感染症領域での研究開発で
の成功体験はヒトの体の外部からの侵襲感染源（細菌，カビ，ウイルス等）
への対抗策，免疫亢進，免疫不全等の内部異常の修正といったより広い領域
への発展，創薬活動の場の拡大を可能にし，今回のテーマである移植免疫領
域での創薬研究から世界的ブロックバスター[14]である免疫抑制剤タクロリム
スの創出へとつながっていく。

　ほとんど同じころ，武田薬品，塩野義製薬，三共製薬，山之内製薬等の日
本の主要企業は相次いでセファロスポリン誘導体研究に踏み切り，それぞれ
特徴のある製品をライセンス（販売委託）することによってグローバル市場
に進出した。日本の製薬産業は新製品創出のための研究開発能力と各国の規
制に対応するノウハウと倫理性という質的な点において先進国と肩を並べる
ようになったが，創出新製品数の量的な力，また世界市場への単独での進出
というビジネスのグローバル展開力の点では欧米企業に水をあけられていた。

　藤沢が開発したセファメジンは発売後多くの感染症患者を救うことに貢献
し，国内での売上は1973年度130億円，1974年度175億円，1975年度240
億円（月商20億円），1976年度324億円，1977年度360億円（月商30億
円）となり，1976年度は，総売上高1012億円の30%がセファメジンの売上
となり，経常利益は191億円と武田を抜いて業界第1位となった。

---

14 通常1剤で年商10億ドル（1000億円）を超える新薬。

第7章 テーマ決定と研究環境の整備

7.1. 研究指向領域と研究テーマの設定
抗生物質からの脱却と研究テーマを免疫系に設定

〈1976年頃〉

　藤沢の発酵研究グループは，セファメジンで培った発酵技術を生かしてポスト・セファメジンを創出するため，全国各地の土壌を採取し，その中の微生物が産生する生理活性物質[1]，当初は主として抗生物質の探索研究を精力的に行った。こうした研究から得た製品には，ピロールニトリン（千葉県の土壌：水虫薬），チオペプチン（富山県立山の土壌：家畜用抗生物質），トリコマイシン（八丈島の土壌：トリコモナス症治療剤），ビコザマイシン（北海道札幌市の土壌：家畜用抗生物質，その安息香酸誘導体は水産用抗生物質）などがある。また製品には結びつかなかったが，モノバクタム系抗生物質[2]のノカルディシンのオキシム構造[3]は，セファロスポリン系抗生物質の部分構造に取り入れられ第2世代，第3世代のセファロスポリン（製品名：エポセリン，セフスパン，セフゾン，ウィンセフ）として世に送り出された。

　1975年時点では，抗生物質注射剤セファメジンがケフリン[4]で先行する塩野義（当時の医薬品売上高第1位）に続き第2位に入る（その後1980年に

1　生体に作用し，種々の生体反応を制御する化学物質の総称。特異的な反応に関与しており，ごく微量で十分な反応がみられる。代表的なものに，生体が自ら産生するホルモンや蛋白性の因子，自然界に存在し生体の酵素反応を阻害する物質などがある。

2　モノバクタムはβ-ラクタム系抗生物質の1つである。ほとんどのベータラクタム系抗生物質はラクタム環が結合しているのに対して，本化合物はラクタム環が単独で存在している。

3　オキシムとは，分子内に＞C＝N－OHで評される構造を有する有機化合物。

4　抗生物質注射剤で一般名はセファロチンナトリウム。

83

は売上トップとなるが1985年にはトップ10のランキングから外れる)。当時，抗生物資の今後の取り扱いも含め，将来の医療動向・市場動向・技術動向などの調査に基づき研究指向領域をあらかじめ戦略的に決め，その領域に適合した研究テーマに合致する新製品の種（seed）を探す，いわゆる探索研究が重要と考えられた。

1つの製品を市場に出すには，この当時でも10年以上といった長い年月と莫大な費用を要した。研究テーマの決定は経営上の重要課題であった。

1975年企画調査室が主となり，将来の技術予測[5]をトップに報告している。当時の社長は早川三郎，藤澤友吉郎は常務取締役研究開発担当である。

インタビューした福元や鯵坂によれば，報告では近い将来に抗生物質は先細りとなるとされ，今後の成長分野として循環器，がん，免疫，アレルギーを掲げている。また，青木や後藤も研究指向領域として抗がん剤，免疫調整剤等（当時は免疫亢進）の必要性を説いている。

市場の伸びが鈍化し，マイナスになりつつも当時抗生剤は，一定の市場規模があり，この時点ではまだ藤沢の強みを生かし，この領域における圧倒的トップメーカーとしてさらに経営資源をつぎ込むという選択肢がなかったわけではない。事実，研究者の中にはまだまだ抗生物質で行けると考える者が多くいたことも確かである。しかしながら，従来の利益の源泉であった抗生剤から脱却し，それまでの発酵・合成という技術を強みとして，免疫調整剤を研究テーマの1つとして設定した判断は，研究マネジメントおよびトップマネジメントともに，世界に通用する新薬の開発という経営理念を踏まえての価値的判断であったといえる。

7.2. 免疫亢進剤の開発を経て免疫抑制剤の研究へとテーマを決定

〈1980年頃〉

免疫亢進剤FK156の発見とFK565の合成を経て，免疫抑制剤の研究へとテーマを決定したのは1980年頃である。この時の社長は藤澤友吉郎で，中

---

5 医療環境，疾病構造の変化，医療技術の進歩等，さまざまな要素を織り込み検討を加えた研究指向領域を策定するための基礎資料。

野浩が研究本部長，青木は研究マネジメントという立場であった。

1978年，中央研究所（大阪市）の発酵グループが，放線菌の二次代謝産物[6]から強力な免疫賦活物質FK156を発見する。これに化学的修飾を加えてより活性の強いFK565を創出し，一時は米国で抗がん剤および抗エイズ薬としての開発を目指したが成功しなかった。しかしながらこれらの経験を経て，微生物の代謝産物中に免疫活性物質が存在するのであれば，反対の免疫を抑制する物質も存在するのではないかと考えられるようになった。また当時すでにシクロスポリンのことは知られており，その後の実用性の可能性もあった。ちょうどこの時期に後藤は米国に留学し，海軍病院で免疫系の研究を行っている。海軍病院では移植の研究が進んでおり，シクロスポリンが移植でのゴールドスタンダード[7]になっていた。帰国して，トップから与えられたテーマは当初予定の高分子医薬品[8]ではなく低分子医薬品[9]（天然物）であり，後藤は海外留学で見てきた免疫抑制剤に研究をシフトさせる。

この免疫亢進剤は将来抗がん剤としての可能性もあり，市場の大きさ，採算性さらにはFK565の教訓という視点から引き続きこの領域にトライするという選択肢がないわけではなかった。しかしながらトップマネジメントは，研究マネジメントである青木，後藤に全幅の信頼を寄せる中で，日本の市場性はわずかでかつ海外においても先行するグローバル企業が圧倒的な存在感を発揮していた免疫抑制剤についての研究テーマを承認する。これも事実的判断からは導き出しにくい結論である。

藤沢では，1970年頃より抗細菌性抗生物質のスクリーニングを行い，そのスクリーニング途上でin vitro[10]の抗菌活性とin vivo[11]の抗感染作用が必ずしも一致せず，in vitroの活性から期待される以上のin vivo効果を示す抗菌物質の存在に気づく。

6　二次的な代謝産物（汗・涙・廃棄物等）で他の微生物に対して「抗」する作用をもつもの。
7　医師間で十分に専門的な標準とみなされたもの。
8　高分子医薬品とは，低分子医薬品以上の分子量を持つものであり，バイオ医薬品，核酸医薬，多糖などの高分子を用いた医薬品の総称である。
9　低分子医薬品とは，分子量300〜500程度の薬品の総称である。
10　試験管内という意味で，試験管や培養器などの中でヒトや動物の組織を用いて体内と同様の環境を人工的に作り，薬物の反応を検出する試験のこと。
11　マウスなどの実験動物を用い，生体内に直接被験物質を投与し，生体内や細胞内での薬物の反応を検出する試験のこと。

第3部　画期的新薬タクロリムスの創薬・開発と経営者

　後藤正治の『甦る鼓動』（1991）に，タクロリムスの開発についての内容
が一部記述されている。著者の後藤(正)は，京都大学農学部卒で，発酵由来
の天然物には詳しい知識を有している。1998年当時の今中（専務取締役研
究開発部門担当）や青木（取締役研究開発総本部長）に詳細インタビューを
行っている。タクロリムス発見前夜におけるFK156の発見に関する記述部
分（87頁）について以下引用する。

　　「発酵グループが免疫賦活剤[12]で最初に大きな手応えを得たのは1978年
　である。ある放線菌の産生物質の中から強力な免疫活性物質が見つかっ
　たのである。放線菌は糸状の菌糸が放射線状に伸びた菌で，土壌中に広
　く分布する。現在，約3,500種の抗生物質が知られているが，そのうち
　7割までが放線菌の中から発見されており（残りの2割がカビから，1
　割が細菌などから），いわば抗生物質の宝庫といってよい。ストレプト
　マイシンも放線菌の中から発見されている。この物質は，マウス（ハツ
　カネズミ）を使った実験から特定された。すなわち放線菌の代謝産物の
　中で，分子量が小さくそれ自体抗菌力のないものを選び，その発酵液を
　つくってマウスに皮下注射しておく。またマウスにはほぼ48時間後に
　は死亡する量の大腸菌を感染させる。すると特定の発酵液を注射したマ
　ウスのみは，一週間程度は生き延びるということが判明した。この発酵
　液には直接大腸菌を殺す能力はないから，それはマウスの自己免疫力の
　強化によるものだと考えられる。この物質は「FK156」と名づけられ，
　その後この物質の化学合成を行い，免疫活性の点で最も強力なものとし
　て選ばれた誘導体が「FK565」である。」

　すなわち，細胞表層に損傷を受けた細菌はそれが致死作用に至らなくと
も，白血球，マクロファージなどの生体防御機構[13]によって容易に処理され
るようになることもその原因の1つではあるが，抗生物質自身にマクロ
ファージなどの食菌作用を増強するものがあることがわかってきた。このこ
とは藤沢の中央研究所発酵チームに，抗菌活性を持たないが宿主（ヒトや動

---

[12] 生体の免疫機能を活性化させ，低下している防御力を増強させる薬剤。
[13] 生体防御とは，免疫反応などにより生体を守ることをいう。生体には，自然免疫を含む非特異
　　的生体防御機構や特異的生体防御機構 (体液免，疫細胞性免疫) など，様々な防御機構がある。

86

第 7 章　テーマ決定と研究環境の整備

物等）の防御機構を活性化（宿主防御機構活性化）することにより動物を細菌感染から防護する物質のスクリーニングのヒントを与えることになった。結核菌，コリネバクテリウム[14]，大腸菌などの細胞壁や内毒素など，微生物由来の高分子免疫増強物質は古くから知られているが，低分子の発酵産物でこのような作用を持つものは数少ない。発酵チームは，感染防御作用の強い低分子物質に目標をしぼってスクリーニングを組立てた。宿主防御機構活性化を介しての抗菌作用を検出するため，予防的投与が必要と考え，細菌感染の1週間前より検体を投与し，感染防御効果でその活性を判定した。この方法はスクリーニング初期より追跡している活性物質の in vivo の有効性につい保証が得られるという大きな利点を有する。通常 in vitro のスクリーニング系で得られる天然物質には生体内動態（吸収，臓器内分布，分解，排泄）に欠点のあるものが多く，in vitro の活性が in vivo 効果に反映しない揚合が多いからである。

　前述のスクリーニング系で活性を示す培養液は容易に得られるが，その多くは高分子であった。藤沢薬品発酵チームは，ストレプトマイセスオリバセオグリセウスと命名した一放線菌株が低分子の免疫増強物質を生産していることを発見し，活性物質の抽出，精製を行った。検定法の複雑さのためかなり長期間を要したが，活性炭，セファデックス（Sephadex）などのカラムクロマトグラフィー[15] による精製で，有効成分を単一成分として得ることができた。2年の歳月と数千匹のマウスを費やした後に，この免疫活性物質（FK156）が発見された。この免疫活性物質は，放射線菌の産生するアシルペプチド（アシル基のついたペプチド）で，その宿主介在性抗感染作用[16] により発見されたものである。前述の通り抗原特異的免疫反応[17]，非特異的生

---

14 グラム陽性桿菌の1属。30以上の種があるが，最もよく知られているものに，人体の寄生菌でジフテリアを起すジフテリア菌 C. diphtheriae がある。

15 化合物の精製法の1つ。筒状の容器に充填剤をつめ，そこに溶媒に溶かした反応混合物を流し，化合物によって充填剤との親和性や分子の大きさが異なることを利用して分離を行う。

16 マクロファージ等の免疫担当細胞を活性化し異物認識を高めること等によって抗感染作用を示すこと。

17 特異的免疫とは，後天的に獲得される免疫のことである。人には，体外から侵入してきたウイルスや細菌から身を守るために，免疫という生態防御機能が備わっており，免疫は大きく自然免疫と獲得免疫に分けられる。
　敵（抗原）を見つけると相手を特定せずに無差別に攻撃を仕掛ける自然免疫（非特異的免疫）

第 3 部　画期的新薬タクロリムスの創薬・開発と経営者

体防御反応[18] を増強する作用のあることがわかった。

　同じころ，1978 年に「ノカルディア－CWS」[19] という免疫療法剤が大阪大学の内科で発見される。当時がんには免疫が関わっているであろうということが議論されており，既に先行していたピシバニール[20] やレンチナン[21] といった多糖類[22] と同じく，免疫療法剤の一種として開発されはじめていた。同時に世界の潮流としてもこの頃免疫学が急速な進歩を遂げている。

　FK565 は，その後 NCI（米国国立癌研究所）で抗がん剤，抗エイズ剤として臨床試験が進められたが副作用が発現し，その後開発を断念した。これら一連の「免疫活性剤」研究をベースに，「免疫抑制剤」の研究へとステージを進めていくことになる。

　FK565 に関しては青木の記憶によれば，米国での臨床のデータを調べたところナチュラルキラー細胞（がんに対するヒトの体の重要な防御機構の 1 つ）のレベルが個人差が大きく，FK565 の作用を統計的有意性を持って示すことは困難だと思われるようになったこと，理論的考察から亢進は免疫系すべてのステップを活性化しないと臨床的効果は期待できないが，抑制ならワンステップを抑えれば全体の系を抑えることができると考えられた経緯があった。また当時すでにシクロスポリンのことは知られており，その後の実用性の可能性もあった。ちょうどこの時期，後藤は米国に留学し，海軍病院で免疫系の研究を行っている。海軍病院では移植の研究が進んでおり，シクロスポリンが移植でのゴールドスタンダードになっていた。帰国して，トッ

に対し，獲得免疫（特異的免疫）は抗原を特定して抗原ごとに攻撃方法を習得，記憶していくことができるため，それぞれの抗原に応じた攻撃を行う。さらに，攻撃方法を習得した特異的免疫は過去に出会った抗原に対しても反応し，攻撃する特徴がある。B 細胞や T 細胞といった免疫細胞は，いずれも敵を特定して攻撃することができるため特異的免疫と呼ばれていますが，中にはナチュラル・キラー T 細胞のように，自然免疫（非特異的免疫）と獲得免疫（特異的免疫）の両方の性質を持った免疫細胞も存在する。

18 非特異的防御（自然防御）はさまざまな種類の病原体から生体を防御する生まれつき備わったシステムである。迅速に反応することが可能であり，皮膚といった外界とのバリア，侵入者を非特異的に傷害する分子，侵入者を非特異的に取り込む貪食細胞などがある。脊椎動物や無脊椎動物などほとんどの動物や植物には，この非特異的生体防御システムが存在する。

19 Nokardia rubra Cell Wall Skeleon の略。抗腫瘍活性を有する物質。以下 N-CWS。

20 溶血性連鎖球菌をペニシリンで処置してつくられた抗悪性腫瘍溶連菌製剤。消化器がんや甲状腺がん，肺がんに適用している。

21 シイタケから抽出された多糖体（β グルカン）。手術が不可能，または再発した胃がんに対しテガフール（がん治療薬）と併用して使用。単独での有効性は確認されていない。

22 加水分解によって二分子以上の単糖類を生じる糖類。

88

第 7 章　テーマ決定と研究環境の整備

プから与えられたテーマは当初予定の高分子ではなく低分子であり，後藤は
海外留学で見てきた免疫抑制に研究をシフトさせる。青木，後藤，木野等，
中心人物のオーラルヒストリーを通じて，このような経緯で免疫抑制剤に研
究をシフトさせた経緯が明らかになった。

　この時の状況を，後藤氏は，インタビューで下記のように語っている。

栗原：後藤さんは藤沢に入った時に，抗生物質じゃなくて，もうちょっと違
　　　う領域のところをやろうと思ってたんですか。

後藤：そう。大学の時は，抗ウイルス剤の研究をやって。

栗原：抗ウイルスですか。そういう研究ができると思って入ったけども，な
　　　かなかずっと抗生剤主流で。

後藤：1976年ぐらいから，ちょっとセファロの力価向上なんかもあったん
　　　だけど，やっぱり抗生物質の時代からちょっとシフトしなきゃいけな
　　　いなというようなことを青木さんが言い出した。それに乗って，抗ウ
　　　イルス剤とか抗がん剤を立ち上げたんだよね。青木さんも免疫ってい
　　　うよりは，抗菌活性がないけども抗感染作用がある物質とかいうので，
　　　それがFK156，それからその誘導体がFK565。

後藤：そして，78〜79年ぐらいには，開発候補品としてFK565が選ばれて。
　　　その当時，それが免疫と絡んでいるということで，僕も免疫のほうに
　　　シフトをして。その頃，藤沢で免疫をやってた人はわずかだったので，
　　　中央研究所には，免疫のところがなかったから，医療関連事業部のグ
　　　ループと共同で研究した。当時医療関連事業部でもって，抗感染作用
　　　の機序（しくみ，メカニズム）なんかをやっていたので。

7.3. 天然物から低分子を分離できる人材の育成

〈1982年〜1983年頃〉

　免疫領域にテーマを決定し，この方針のもと，当初は高分子の天然物探索
（タンパク医薬等）を目指すことになった。当時（1982年），筑波の新研究
所も高分子の探索を進めるという前提で設備も完成しつつあった。しかしな
がら急遽今中の方針転換により探索テーマは高分子ではなくて，低分子の天
然物（タクロリムスは低分子の天然物）に変更となる。

89

第3部　画期的新薬タクロリムスの創薬・開発と経営者

　理由は，高分子のタンパク医薬は医療関連事業部が担当するということ
で，研究本部と棲み分けることになったためである。しかしその後，医療関
連事業部が廃止され，ここでタンパク医薬等を担当していた研究員の多く
が，研究本部（天然物低分子探索）へと移ることになる。この当時天然物か
ら低分子を分離できる技術を持っていたのは，後藤，木野，畑中洋であり，
後藤や木野は，筑波研究所発足後，医関連事業部から移ってきた人材の戦力
化や現地で採用した人材の育成を急いだ。
　後藤氏はインタビューの中で下記の通り述べている。

後藤：それで，1978～79年ぐらいには，開発候補品としてFK565が選ばれ
　　　て。その当時，それが免疫と絡んでるということで，僕も免疫のほう
　　　にシフトをして。その頃，藤沢で免疫をやってたのは妹尾さんぐらい
　　　だったんで，中央研究所には免疫のところがなかったから，医療関連
　　　事業の峰さんのところのグループと，医療関連事業部でもって抗感染
　　　作用の機序なんかをやっていて。そうこうしてるうちに，藤沢も
　　　ちょっと天然物低分子じゃなくて，もうちょっと高分子やろうかって
　　　話があって，インターフェロン[23]をやりましょうとかいう話とか。発
　　　酵のほうでも何かやらないといけないというんで。あの時にはもう既
　　　に，中央研究所の中の生物化学グループを青木さんが立ち上げた。生
　　　物化学グループと，細胞培養とかいう2つあったと思う。
栗原：2つのグループがあったんですね。
後藤：僕もそちらのほうにだんだんシフトしつつあって，1980年に海外に
　　　留学するかっていう話あったから，NCI（米国国立癌研究所）に。
栗原：がんの研究所ですね。
後藤：そう。免疫診断ってという部門に行って，そこで。
栗原：それ，1980年の。
後藤：1980年の暮れぐらいでした。
栗原：帰ってきたのが。

---

23 動物体内で病原体（特にウイルス）や腫瘍細胞などの異物の侵入に反応して細胞が分泌する蛋
　白質のこと。ウイルス増殖の阻止や細胞増殖の抑制，免疫系および炎症の調節などの働きをす
　るサイトカインの一種である。医薬品としては，ウイルス性肝炎等の抗ウイルス薬として，多
　発性骨髄腫等の抗がん剤として用いられている。

第7章　テーマ決定と研究環境の整備

後藤：1981年に帰ってきた。それで，僕はペーパー2つぐらい書いて，そ
　　　れでちょうど免疫を上げたり下げたりっていうような研究やってたん
　　　で。そこのディレクターがハーバーマンという人で。そこに残らんか
　　　と。もう会社を辞めて残らんかという話があったんですが，青木さん
　　　に相談したら「どっちでもいいよ」と言われたが，今中さんが直接ア
　　　メリカにまで来て「連れて帰る」って言ってハーバーマンに直談判し
　　　て，それで僕は帰った。
　　　それで，その理由っていうのが面白くてね。その当時，インターフェ
　　　ロンやっている医療関連事業[24]のグループもあったし，それから合成
　　　のほうはソマゾンをやろうっていうことで，そういう新しい機運が出
　　　てたんです。発酵のほうもちょっとそれに合わせたような形で，細胞
　　　培養とか，生化学とか，そういうの青木さんを中心にしてやろうって
　　　いう話が起こってきたんで，今中さんとしても，ちょっとこれは引き
　　　留めとかなきゃいかんということで，連れ戻しに来てくれた。その時
　　　に聞いたのが，後藤が戻ったら1983年ぐらいには筑波に研究所をつ
　　　くって，その中でもって，天然物というよりはむしろ細胞を使ったよ
　　　うな，今でいうインターフェロンとか，G-CSFとか，中外とか，協
　　　和発酵みたいな。

栗原：なるほど。

後藤：そっちにシフトしたいというような話があって「そういうやつも設計
　　　することになってるから，ぜひ帰ってこい」と。
　　　その話聞いたんで，じゃあ，そちらのほうに行くように，インター
　　　フェロン以外のインターロイキン2[25]（以下IL-2）とか，リンフォカ
　　　インとか，サイトカインとかいうんだけども，そういうやつのアッセ
　　　イ系[26]とか，それの生産みたいなやつもちょっと勉強しながら。僕の
　　　もともとやってたのは免疫系ががんの患者でどういうふうに変化して
　　　きて，その免疫に対してどういうものが邪魔して，イムノサプレッ

---

24 1983年4月に新事業部体制発足に伴い，中央研究所医療関連研究を統合し新たな医療関連事業
　部とした。この中にインターフェロン（高分子化合物）の精製と評価を行うグループが存在した。
25 活性化・促進させるヘルパーT細胞が産生するタンパク質。免疫反応の中心的調整物質である。
　キラーT細胞の精製に必須の物質と考えられている。IL-2は，がん細胞を攻撃するキラーT細
　胞を増殖するため，抗がん剤として用いられる。
26 アッセイ（評価・分析）の全体システムのこと。

ション[27]っていうんだけど，この辺のところをやっていたんです。

栗原：1981年に帰ってきた時，大阪の中央研究所に戻られた？

後藤：中央研究所に戻ったんだよ。

栗原：一旦中央研究所へね。筑波移転が1983年ですもんね。

後藤：1983年の3月の末ぐらいだったと思う。

栗原：そうですね。

後藤：その間に，だから，筑波の研究所をどうするかっていう話をいろいろ聞いてて，それ，設計したりなんかしてね。一方，青木さんなんかは向こうに移って，そういう細胞由来の天然物。天然物っていうか，タンパク質だよな。タンパク質の，タンパク医薬をつくろうということで，その手の人をたくさん集めたわけよ，あっちこっちから。タンパクやってる連中を。それで，やれやれと思って，じゃあ，向こうへ行って，そういうことやるんだっていうんで，いろいろやってるうちに，急きょ，タンパク医薬はやらんっていう話が今中さんから出た。何をやるかって聞いたら，発酵やるって言うんだよな，もう1回。天然物でも，高分子薬じゃなくて，低分子薬やるんだと。それは困ったね。だって，設計した筑波のいろんな研究所だって，高分子タンパクのために設計してるんで，発酵やるような機械なんか全然ないわけよ。そういう状況だったんです。

栗原：それ，今中さんが高分子のタンパクをやめて，発酵にするという意思決定の背景って何だったんですか。

後藤：今中さんとしては，多分，筑波で高分子タンパクをやるっていう部分は，医療関連事業部がやるから，多分，君やらんでもいいからって。

栗原：ああ，なるほど。

後藤：あるいは，合成のほうは合成のほうでもって，天然ではなくて，合成的にDNAつくって，ソマゾン[28]みたいなのをつくる，タンパク医薬をつくるんだというんで，タンパク医薬じゃないようなことやれと言われたんだと思うね，探索研究所で。

---

27 免疫を抑制するもの。
28 注射用ヒトソマトメジンC製剤（一般名：メカセルミン）インスリン抵抗改善剤／成長障害改善剤インスリン受容体異常の人のインスリンの作用を高め，細胞内での糖利用を促して血糖値を下げたり，成長促進作用を示す薬剤。

栗原：医関連事業部が高分子タンパクをやり，筑波は発酵の低分子をやると
　　　棲み分けたんですね。

後藤：分けた。ただそのうち医療関連事業部を廃止するという話になって。
　　　それが1982年ぐらいじゃないか。それで医療関連事業部の連中が突
　　　然，われわれの細胞培養グループとか，それから青木さんがやってた
　　　細胞生化学，そこに吸収されたんだよ。低分子をやることになったん
　　　です。高分子をやってた連中の一部がこちらへ移ってきたんだよ。

栗原：それは1つの重要な局面ですね。

後藤：そうそう。そうすると全然違う感覚持った連中が集まってきて。それ
　　　で，僕はどうしようかなというんで「低分子やるっていっても，設備
　　　ありまへんで，筑波には」って言ったんだけども，どうしても「低分
　　　子やる」って言うから。一応その時，細胞生化学っていうのは残った
　　　んだよ。僕らのグループは，細胞培養も一応やるんだけも，培養した
　　　細胞が，細胞から高分子タンパクをつくるんじゃなくて，何か他のこ
　　　とやんないといけないという。

栗原：もう高分子のほうはやらんというふうに意思決定したんですね。

後藤：そうそう。僕らのグループではね。探索研究所ではね。

後藤：だけど，高分子のインターフェロン等で，急きょ，大阪で1982年から
　　　1983年のはじめぐらいにかけて，新人をたくさん採用してしまった。

後藤：高分子やるっていうんで，タンパク屋をたくさん採ってるんだよ。そ
　　　れから，医療関連事業部から来た人もたくさんいるんだよ。

栗原：大阪の中央研究所にいたんですね。

後藤：それで急きょ，そういう連中も筑波の探索研究所に移さなきゃいけな
　　　いという話になって，その当時7～8人おったかな。そういう修士課
　　　程を出た連中が。だからそういうのを連れて筑波で天然物やるってい
　　　うんだから，天然物やるようなテクノロジーを教え込むことを1年ぐ
　　　らいやった。そういう人達を引き連れて，筑波に行ったんだよ。

栗原：それが83年の3月ですか。

後藤：83年の3月の末ですね。

栗原：その時の所長は，今中さんが。

後藤：今中さんがなったんだ。その前の年から。探索研所長になった。

栗原：大阪にいてね。

93

後藤：そうそう。

栗原：それが筑波になって。

後藤：それで青木さんが筑波の所長になった。

栗原：1年で代わったんですよね。

後藤：青木さんは，筑波に来たり来なかったりしてた。基本的には中研の細胞生化学グループっていうのを，探索研の生化学グループにして，その中に山口さんとかそういう連中も引き入れて，野津さんなんかもね。僕らは最初は筑波研究所で青木さんの細胞生化学グループっていうところにいた。

栗原：木野さんも一緒ですかね。

後藤：僕の下には木野君，藤田君。藤田君は天然物でもちょっと違うのやったりなんかして。それから，後は，畑中。それから，名古屋のほうから来た京大卒の浅野君おったな。だから，5人ぐらいおった。

栗原：5人ぐらいいたんですね。

後藤：で，畑中君，木野君っていうのは俺とかなりやってるから，手の内は大体わかってんだけども。

栗原：天然物なんですね。

後藤：そうそう。それは天然物の，どちらかっていうと，生成だね。

栗原：なるほど。ここで畑中さんと木野さんは，ある程度やったからいいけど，藤田さんとか浅野さんはまだそういった天然物から分離したりする，そういうのはまだ。

後藤：全然やってないし，あと，新人で筑波で採った人もおったからさ，何人か。それからあと女性も。皆，新人だよ。あとは女性は，4人か5人おった。ただし，大卒が1人で，残りの4人は高卒。豊里町出身だった。近辺の高校から。ただし，非常に優秀だったけど実験なんかしたことないんだよ。

1983年春，発足したばかりの筑波探索研究所で，このようなスクリーニング系を設定して新規物質探しがはじまった。このスクリーニングチームは，大阪から異動した後藤，木野らが中心となり，筑波で採用した若手研究者を加えて組織された。天然物から新しい生理活性物質を探索するために最も重要なのはスクリーニング方法であり，大阪で培ったノウハウも含め，免疫抑制

第7章　テーマ決定と研究環境の整備

剤に適したスクリーニング方法が確立され，具体的にスクリーニングがスタートする。当時 10 人程度の発酵グループのリーダー格は後藤であり，それを 4 つのグループに分けた。第 1 グループはアレルギー，第 2，第 3 グループのほか第 4 グループは，いわゆる自己免疫疾患に関連するタクロリムスの系および免疫を介した抗がん剤であった。その 4 つに分けた各グループにそれぞれ 3 人程度配置され，第 4 グループは木野，橋本，菊田の 3 人であった。

木野氏はインタビューで下記の通り語っている。

木野：スクリーニング，動物でパッと見るわけにもいかないので，血液と混ぜて活性化されるような抗生物質とか，いろんなスクリーニング，ある程度工夫をしてましたね。プレートの中に血清を一緒にまいて。

栗原：血清入れて，抗生剤を入れて，どうなんだろうと。

木野：そうですね，そういう in vivo で活性化されるようなもの，たとえば in vitro で，抗菌活性はなんとなく弱いんだけれども，実際に動物でやるとよく効くというのもあるだろうというようなスクリーニングをやってましたね。いろんなスクリーニング，考え方をある程度工夫しないと，ほかと同じようにただ抗菌活性を見てというだけじゃなかなかほかに勝てないので，そういう工夫はしてましたね。

栗原：その時，研究所の雰囲気って，結構自由でした？

木野：発酵は割と自由な感じ，今の研究とは違いますね。

その一方で，移転当初はまだ設備・装置がフル稼働できる状況ではなく，待ち時間を利用して筑波山などに土壌採取に出かけた。後に発見されるタクロリムスの生産菌は，この時採取した筑波山の麓の土壌から分離されたものである。その菌は関西周辺ではそれまでまったく分離されておらず（後に西日本の土壌からも分離された），筑波への研究所移転がなければ，タクロリムスの発見はなかったか，あってもかなり発見は遅れていたかもしれない。

7.4. 免疫抑制物質のスクリーニング体系確立

〈1982 年秋頃〉

1978 年の免疫賦活剤 FK156 の発見により，藤沢の研究陣は，スクリーニ

95

第3部　画期的新薬タクロリムスの創薬・開発と経営者

ング系の構築の仕方1つで免疫抑制剤を発見する可能性を見い出しつつあった。自然界の中に免疫抑制物質が存在すると仮定して，はたしてどのような方法を講ずればそれを捕かまえることができるのか。今中，青木，向阪，奥原，後藤，木野ら発酵グループは，加島から筑波に移転する数カ月前，1982年秋にこれらのアッセイ系について検討・議論し，ほぼその方法を固めつつあった。この頃発酵グループのチーム構成からいえば，研究本部長である今中が「熱い思い」を，研究マネジメントの立場である青木が「理論的な方法論」を，そして後藤，木野等若手が「最新知識」を受け持った。

　後藤（1991）におけるシクロスポリンに関する記述は次の通りである。

　　「1970年にスイスのサンド社の研究者により真菌の代謝産物として発見されたシクロスポリンは，1972年にサンド社のJ.ボレルらにより，T細胞に対し特異的に免疫を抑制する作用を有する物質として再発見された。その後さまざまな実験データをそろえた研究論文が発表（1974年）され，ヨーロッパにおける肝移植の先駆者であるケンブリッジ大学 カーン（Calne, R.）が，シクロスポリンをはじめて腎移植の臨床に使ったのが1978年である。

　　その後シクロスポリンが広く臓器移植で使われ出したのは，1980年代前半からである。しかし臨床に広く使われ出すとともに，その問題点も浮かび上がってきた。腎毒性，肝毒性，高血圧といった副作用が看過できない比重で存在することがわかってきたのである。とりわけ問題となったのは，長期で単独使用した場合における腎毒性であった。極端な場合，心臓移植は成功したものの，患者はシクロスポリンの副作用で腎不全に陥り，人工腎臓（血液透析）の使用を余儀なくされるというケースも現れてきた。こうしたケースもあってシクロスポリンの単独投与はやがて中止され，その後はシクロスポリンとステロイド剤，あるいはシクロスポリンとステロイド剤とアザチオプリン[29]というように2剤，3剤併用が主流になっていく」。

　このような背景のもと，より安全性・有効性が高い免疫抑制剤の開発が求

───────────────
29 免疫抑制薬の1つ。1962年バローズ・ウェルカム研究所にてジョージ・ヒッチングスとガートルード・エリオンにより開発された。

第7章　テーマ決定と研究環境の整備

められていたのである。ちょうどその頃に，筑波研究学園都市に新たに建設中の探索研究所の一隅で，藤沢の発酵グループは，1982年より微生物二次代謝産物からの新しい免疫抑制剤の探索研究（スクリーニング）に着手した。

後藤氏へのインタビューによれば，以下の通りである。

後藤：あの時，10人ぐらいいたグループを4つぐらいに分けたんだよ。あとからがんをやっていた川村君も来た。それで，免疫っていうのが1型，2型，3型，4型で，1型は，アレルギーだよね。それから，2型，3型はちょっと置いといて，4型は，いわゆる自己免疫疾患に関連するタクロリムスの系なんだけど，それから，僕，がんをずっとやってたんで，免疫を介した抗がん剤。今，PD-1[30]とかああいうのがありますけど，それをやろうっていうんで，それにも。大体4つぐらいのグループに分けた。その4つ分けたグループに，それぞれ3人ずつぐらい張り付けて，それで，そのうちの1つが木野君に頼んだMLR[31]。4型の系のところ。

ここは木野君と，菊田さんって女性と，橋本君の3人でやってて。あと，後に橋本夫人になる橋本君と結婚した女性がいて。この人は大卒だったんで，ある程度できるから信頼してたんで。その4人ぐらい。3人か4人ぐらいでやってもらった。それでその時のアッセイ系ってのは，ちょうど僕がMLR反応を使って，がんの患者の状況がどうなってるかとか，そういうのを見てたんで，そのアッセイ系をはじめ大阪に持ってきて，それからあと，タンパクを取るためのIL-2とかIL-3とか，ガンマインターフェロン，それからIL-4もあったかな。とか，そういうやつのアッセイ系を持ってきたんだよ。だから筑波でスタートする前に，そのアッセイ系でどういうものが。

栗原：引っかかってくるか。

後藤：引っかかってくるかっていうのを全部見てやって。シクロスポリンも引っかかるし，あと，ステロイドもかかって。

---

30 Programmed Cell death 1 の略。T細胞の細胞死誘導時に発現が増強される遺伝子で生体内において免疫反応を負に制御する性質を有している。
31 Mixed Lymphocyte Reaction の略。日本語では混合リンパ球反応と呼ばれている。

第 3 部　画期的新薬タクロリムスの創薬・開発と経営者

栗原：それ，実際やってみたわけですね。

後藤：そう。やったの。ステロイドはかかる。そこからステロイドだけじゃ
　　　なくて，ビタミン D₃ も引っかかると。あとプロスタグランジン³² も
　　　かかる。こういうものは天然物ではあるんだけども，生体成分じゃな
　　　い。だから，発酵の中には多分ないんで，もう追撃する相手はシクロ
　　　スポリンだろうなと。ちょうど僕が留学していた時，アメリカの海軍
　　　病院で。

栗原：海軍病院ですね。

後藤：海軍なんで，そこから朝鮮戦争の当時，結構，戦死した人がいるんで，
　　　それのたとえば骨とか，そういうの持ってるわけよ。そうすると，移
　　　植。移植の研究を結構やってたんで，その当時，シクロスポリンが移
　　　植に使えるっていうのは，あの中ではある程度，情報としてはあった
　　　んだよな。だからそこら辺，組み合わせてシクロスポリンだなと。す
　　　るとシクロスポリンをつかまえるには，どういうアッセイ系がいいの
　　　かっていうのと，シクロスポリン以外にどういう化合物が同じような
　　　アッセイ系で引っかかるのか，あとシクロスポリンの機序は何かとい
　　　うのも一応，わかった。IL-2 とか，それからそれのアッセイ系を全
　　　部つくって，大阪で準備して，筑波に持ち込んだ。

　先述の後藤（1991）は，当時今中，青木にインタビューした結果から，下
記のように述べている。

　　　「すなわち，自然界の中に免疫抑制物質が存在すると仮定して，はたし
　　　てどのような方法を講ずればそれをつかまえることができるのか。今
　　　中，青木，向阪，奥原，後藤，木野ら発酵グループは，加島から筑波に
　　　移転する数カ月前，1982 年秋にこれらのアッセイ系について検討・議
　　　論し，ほぼその方法を固めつつあった。1983 年 3 月探索研究所が動き
　　　はじめた頃の陣容は，向阪正信が発酵グループのリーダーを務めてい
　　　た。奥原正國は細胞生物学を専攻していた。がん免疫をテーマにしてい

---

32 1933 年に Goldblatt がヒトの精漿内に，1934 年にウルフ・スファンテ・フォン・オイラーが羊
の精嚢腺に平滑筋を収縮させる生理活性物質が含まれていることを発見し，1936 年に初めて精
液中から分離された。当時は前立腺 (prostate gland) 由来であると考えられたために prostaglan-
din と名付けられた。プロスタン酸骨格をもつ一群の生理活性物質。アラキドン酸から生合成さ
れるエイコサノイドの 1 つで，様々な強い生理活性を持つ。

第7章　テーマ決定と研究環境の整備

た後藤俊男は NCI（米国国立癌研究所）から帰国していた。中原邦夫
は炎症をテーマにオハイオ州立大学に，木野亨はウイルスをテーマにし
てアラバマ大学に留学している。奥原，後藤，木野の3人はいずれも東
大農学部農芸化学科の出身である。向阪は名古屋大学の農芸化学科の出
身であるが，大学院時代を東大有馬研究室で過ごしている。こうしてみ
ると直接か間接かを別にして，探索研究所の発酵グループの中核は有馬
啓の系譜を引いている研究者たちによって占められていた。」

　上記の後藤，中原，木野は，筆者の本研究におけるインタビュー対象者で
あり，後藤（1991）の内容と一部重複するところがあるので，後藤正治の記
述を参考に以下まとめる。

　すなわち免疫亢進剤 FK156 は，前述の通り合成によって最も強い FK565
を合成したが，臨床試験にて肝臓への副作用が発生し，その後の開発を断念
している。一方 1960 年代のはじめに「新生仔の胸腺摘出マウスにおいては
同種皮膚移植片が拒絶され難い」ことが観察されて以来，免疫学は著しい進
歩を遂げた。同種の臓器移植片の拒絶や自己免疫疾患には活性化された T
細胞が主要な役割を果たしており，さらにこれらの免疫学では「活性化され
た T 細胞は，感染症における病原菌のように取り扱うことができる」とい
う基本概念が確立された。これらの基本概念と FK156 の経験を踏まえて後
藤，木野らが採用したスクリーニングは，リンパ球混合培養反応[33]と呼ばれ
ているものを応用したものだった。

　後藤（1991）によれば，具体的なスクリーニング方法は，下記の通りであ
る。

　　「プレートの窪みに，白と黒の2匹のラット（ネズミ）から採取したリ
　　ンパ球を，ひとつを刺激細胞，もうひとつを反応細胞として等量混合し
　　て培養する。そこへ 3H- チミジンという物質を添加し数日間放置して
　　おく。すると組織適合性抗原が異なる2種類のリンパ球はその差を認識
　　して拒絶反応を起こし，リンパ球の T 細胞はインターロイキン2を産

---

33 遺伝的背景の異なる自己（自分）と非自己（他人）の2個体のリンパ球を1つの試験管内に混
　合して培養し，それぞれのリンパ球が相手の細胞を非自己と認識して幼弱化反応が起こる現象
　を測定する方法。

99

生する。リンパ球が刺激されるとDNA合成が活発になるが，DNA合成にはチミジンが必要だから，DNA合成が高まれば高まるほど細胞内に3H-チミジンを取り込んでいく。したがって取り込まれた3H-チミジンの量を測定することによって拒絶反応の程度がわかる。また培養開始時に放線菌の代謝産物を含んだ発酵液も混入させておく。もし発酵液の中に免疫抑制作用を持つものが含まれているとするなら，当然反応の程度が弱くなるか，あるいは反応がストップしてしまうということになる。さらに一方で，インターロイキン2とは無関係にT細胞を増殖するT白血病株という特殊な株が存在するので，新規物質がこの株の増殖は阻害していないという確認ができる別のスクリーニングをかぶせる。こうすると，インターロイキン2によってT細胞の増殖を抑制している物質だけが残るということになる。要は免疫抑制物質を探すために拒絶反応を調べる手段を逆に応用したというのがこのスクリーニングの方法である。」

リンパ球混合培養反応という方法は，すでに存在していたが，少なくともこの時点では，世界のどの製薬メーカーもこのような方法で新免疫抑制剤を探していなかった。またシクロスポリンもアザチオプリンもステロイド剤も，結果として免疫抑制効果があるとわかったが，そもそもこれ以前に，合成・発酵を問わず，目的意識的に免疫抑制剤が探されたこともなかったということになる。研究指向領域を免疫抑制剤に決め，この物質を発見することを目的としたスクリーニング体系の確立が，タクロリムス発見の成功につながったと筆者は考えている。

青木氏は，このスクリーニング系について下記の通りインタビューで述べている。

栗原：そこで，このスクリーニング系というのが。

青木：スクリーニングで特徴があったなと思うのは，割合プリミティブなんですよ。要するにリンパ球混合培養って，2つの種類のリンパ球があると，片方がお互いに相手を敵と認識して，わっと増え出すと。それを使った細胞の試験なんですよ。そうするといろんな作用機序のとこ

ろには全部，どれでも引っかかるんです。最近はね，分子標的薬とか，ジェノミックスの遺伝子をターゲットにして，非常に細かくスクリーニングするでしょう。それよりは，こうやってばっと全部に網をかけちゃうほうが見つかる可能性が大きいんです。だからスクリーニングってあまり洗練されないほうがいい。後藤さんとかみんなで言ってたんですよ。

増えたかどうかだけ見ればわかりますから。

栗原：しかもそれを顕微鏡で見るということが，1つのポイントなんですかね。

青木：差が大きくなるんですよね。それとタクロリムスというのは非常に変わった作用機序を持ってたんですね。これも FKBP（FK506-Binding Protein）にくっつくことによって，タクロリムスは活性化するんですよ。タクロリムスだけでは薬にならない。体の中に入って，FKBP にくっつくとカルシニューリンという酵素を阻害される。2段階だったので，タクロリムスだけで FKBP，カルシニューリンの in vitro のスクリーニングをやっても引っかからないんですよね。

栗原：体の中に入って。

青木：入って。だから，そういうものを探す時は，複雑系のほうが，いろんなものにいっぺんに探索をかけられるというのと，複雑系を解析しながらやるって日本人は得意なんですよね。単純系でやって，YES or NO だけでやるデジタルの研究は，日本人は不得意なので。

栗原：そういう意味では，やっぱりここのスクリーニング系のところ。

青木：日本人に合ったスクリーニング系ですね。

ここでいう免疫抑制剤探索のアッセイ系の戦略は，まとめると下記のようになる。

① 臓器移植の拒絶反応や自己免疫疾患のような生体にとって望ましくない免疫反応は，活性化された T 細胞の増殖を抑制することにより抑えることができる。

② T 細胞の増殖を抑制する1つの方法として，IL-2 の産生阻害がある。

③ IL-2 の産生を測定することにより IL-2 の産生阻害物質，すなわち免疫

第 3 部　画期的新薬タクロリムスの創薬・開発と経営者

抑制物質を見つけ出すことができる。その測定は，混合リンパ球反応を顕微鏡で観察することで定性的に可能である。その阻害の程度は，3H-チミジンの取り込みで定量できる。

7.5. 探索研究所の筑波への移転と新たな組織風土づくり
〈1983 年～ 〉

1983 年 4 月に筑波において探索研究所が開設された。研究員の多くは旧発酵研究所のメンバーであり，生物科学・発酵・合成・理化学・シード導入の陣容で編成し，当初は筑波と加島に分駐した。筑波は新しい土地でもあり，また中央研究所がある大阪から離れていたこともあり，既成の規制にとらわれることなく，皆のびのびとした風土の中で自由に研究をすることができた。

タクロリムスを発見した木野は，インタビューの中で筑波へ研究所を移転しなかったら，タクロリムスの発見はなかったか，あったとしても発見はかなり遅れていたであろうと語っている。

探索研究については，研究所の筑波移転前は東京研究所が中心となっていたが，建物が手狭な上に立地面から拡張が難しいため，新たな土地を求めて探索研究所を新設し，これを契機に研究体制を再構築することとした。続いて 1984 年 6 月（この時には，すでにタクロリムス発見済）には第 2 期工事に着手し，翌 1985 年 5 月に厚生棟および動物実験棟が，10 月に一般実験棟が竣工し，筑波研究所の建物延べ面積は約 1 万 6000 ㎡となり，ほぼ全容が整った。

この竣工とともに加島地区からシード導入を除く探索研究所全員が筑波に集結し，総勢 200 人近い陣容がそろって本格的な探索研究を開始した。探索研究所の 1 つの特徴は，発酵部門を持っていることであった。

1983 年春，探索研究所の開設とともに東京研究所は 19 年間の歴史を閉じた。1964 年 3 月医学調査部東京分室を母体に設置し，やがて東京研究所と改称したが，その間一貫して天然物から生理活性物質を求め，国内はもとより台湾や南米など外国の動植物，さらには海洋プランクトンに至るまで研究

102

を行ってきた。

　研究対象とした天然物は植物2500種，下等動物300種，海産動物140種，プランクトン130種に達した。中でも椎茸の抗脂血作用物質レンチジンなど天然物を素材としてユニークな医薬品を開発する方向を示唆した点は，意義あることであった。東京研究所の閉鎖に際して，その所属員は大阪の中央研究所や新設の探索研究所に配属された。

　探索研究所の筑波への移転について，意思決定者は，誰だったのか後藤にインタビューしたところ，4代目社長藤澤友吉郎と研究本部の責任者であった中野浩（研究本部長）とのことであった。

7.6. タクロリムスの発見
天然物の発見

〈1984年3月〉

　藤沢の発酵グループは，1983年4月からスクリーニングを開始して，約1年後の1984年3月，カビ約8000株，放線菌約1万2000株の培養液をスクリーニングしたところで，放線菌（筑波山麓で採集した土壌から分離）No.9993株の培養液に，強力な混合リンパ球反応を有する物質が存在することを見い出した。画期的新薬タクロリムスの発見である。なお，No.9993株の発酵液中には，主成分のタクロリムス以外にも，FR900525，FR90H54，FR90H55，FR900520，FR900523など数種類の微量類縁物質が存在し，それぞれ単離して構造を決定した。

　通常，医薬品である新物質の発見は，多くの科学的発見同様，厚いベールでおおわれているが，本研究においては発見者である木野に直接当日の様子を含め，インタビューする機会を得た。新物質タクロリムスの発見時点では，これが医薬品になるかどうか全くわからないものであり，これから約10年後に医薬品として承認されるまでの長い旅がはじまる。なお，物質発見後，研究本部長，社長にこの事実が伝わるのは，しばらく後になってである。

　タクロリムスの発見は，単なる偶然であったのか，それともスクリーニン

グ体系確立による必然といえるのか，それとも蓋然であったのか，議論の分かれるところであるが，筆者はスクリーニング体系の確立が決め手であったと考えている。

タクロリムスが発見された後，30年以上，世界中で多くの研究者がこれを上回る物質の発見に努めているが，今のところ発見されていない。

木野によれば，発見当日，顕微鏡を覗いていて，最初に異変に気づいたのは，同じ第4チームの菊田という研究アシスタントであった。スクリーニングの実験をスタートして約1年，菊田が目を通したプレートは今までに数千枚は超えていた。菊田がその日，顕微鏡で覗いたプレートの1枚は明らかに他のものと異なっており，なにかおかしい，ということで，すぐリーダーの木野に報告がなされた。数センチ四方のプラスチックのプレートには，横12列，縦8列の合計96の小さな窪みが設けられており，その窪みの中でリンパ球混合培養反応が起きるように設定されていた。

またそれぞれの窪みは，少しずつ濃度を変えた発酵液が混入されている。培養反応の程度を，顕微鏡を通して目で判断するが，反応が全く起きていないプレートが1枚だけあった。すなわち，発酵液に仕込まれた物質がリンパ球混合培養反応を阻害しているということを意味した。

木野氏はこの時の様子を下記の通り述べている。

木野：当日は，最初アッセイ系の調子があまり良くなくて，コントロールのMLRがもう1つだったなっていう気がありました。それをもう一度，新たなアッセイ系でちゃんとして。

栗原：もう1回やってみたんですね。

木野：やってみたら，これは結構。

栗原：そうすると，最初の時，見過ごしてたら出なかった可能性あるんですかね。

木野：それはありますね。ただ，多分，サンプルはもう1回，また入って来ると思いますね，恐らく。

栗原：だから，どっかでは見つかったんかもしれませんね。

木野：じゃないですかね。培養をちょっと変えてみたりして，多分，2度ぐらいは入ると思うんですね，恐らくあの頃。

栗原：それを大量にやっぱり評価する系をつくり上げることができたというのが1つ。

木野：そうですね。大事なことでしょうね。

栗原：その時，こう覗いていて，突然「わあ，来た」という感じではなくて，その時にはちょっと何か変化があったぐらいだったんですか。

木野：結局，スクリーニングしてると，1Lotの内，100とか200やって，何となくありそうやなっていうのは。

栗原：わかるんですね。

木野：いくつか出てくるんですよね。毎日っていうのかな。ありそうやなっていうのはあって。それで，それをもう1回見て，もう一度確認してというのが大事だと思うし，なかなか出てこないんで。

栗原：なるほど。

木野：ええ。怪しげだなと思って見てみると，やっぱり違うなと。いいものは，本当にちゃんと見ると，もう見ただけでわかる。

栗原：見ただけでちゃんと活性がわかるんですね。

木野：わかります。細胞の。

栗原：変化が。

木野：変化。顔つきというんですかね。

栗原：変わるんですね。

木野：ブラスト化っていう，こう大きくなって，固まりみたいなってるのがなくなってて，それで直接の細胞毒みたいのはないというようには見えると。

栗原：タクロリムスが少しそういう感じあったけど，もう1回，きちっとやってみたら，やっぱり出たんですね。

木野：そういうことですね。やっぱり再現性見るまではわからんですね，なかなかね。それと，たとえば発酵はいろんなものつくってるんで，ほかに毒性物質があると隠れちゃうっていう可能性がありますよね。そういうのもありますしね。タクロリムスについては結構培養の再現性が難しかったですね。

栗原：そこから今度，いよいよ物質をつくっていかないといけないですから。培養してその後，純度を上げたり，精製とか。

木野：そうですね。その過程も重要です。

第3部　画期的新薬タクロリムスの創薬・開発と経営者

栗原：培養する場合は，最初，小規模の培養でちょっと反応出ますよね。

木野：出ますね。

栗原：これを結局，増やしていくわけですね。

木野：そうですね。だから，最初はこんな小さなフラスコみたいなのでやって，それを最初の段階は20ℓ弱ぐらいで培養して，それで精製かけていくわけです。

栗原：なるほど。それがいわゆるジャー（発酵槽）ってやつですね。

木野：そうです。

栗原：そこで，ジャーで発酵してくっていう過程がないと。そこでうまく増えないと，次，進まないわけですね。

木野：そうですね。最初は，アッセイの再現性を見た時にこれは結構すごいと。すごいなっていうことで，ジャーを回したんですよ。それは力価あったんですよね。その後，何か出たり出なかったりするようになって，結構苦労して。その菌株を，セファロ（セファロスポリン）で力価を上げた担当の人，藤田さんっていう方がいたんですけども，その方がいろいろ地道にやられて，割と安定して出るようになりました。

栗原：ある条件を加えて，安定化させるいうことが必要なんですね。

木野：そうですね。あと，菌をちょっと，きれいにして。

栗原：タクロリムスっていう物質はその菌が生み出した，ある意味で分泌物，その中に入ってるわけですね。

木野：そうですね。

栗原：それが最終的には合成できた？

木野：一応，合成はできました。当時メルクの新開先生ですかね。

栗原：先程の藤田さんが培養したり精製する時には，合成ではなくて，発酵でずっとやってたんですね。

木野：そうです。

栗原：今でも発酵でやってる。

木野：そうですね。

栗原：合成よりは発酵でやったほうが。

木野：そうですね。中には合成の方が安くできる場合もありますけれども，発酵のいいところは"わっ"とできるんです。

106

第 7 章　テーマ決定と研究環境の整備

　前述の通り，タクロリムス（開発番号 FK506）は 1984 年 3 月 22 日に筑波にある探索研究所発酵部門の木野チームによって発見された。その新規物質は，試験管中の実験データでいえばシクロスポリンの実に 100 倍の免疫抑制力を持っていたことが後に明らかになった。すなわちシクロスポリンの約 100 分の 1 の濃度で，リンパ球混合培養反応を完全に抑制してしまうのである。発見から約 10 日後，後藤グループ内（後藤，木野，橋本，矢島〈現姓：橋本〉，菊田，片山，畑中）のミーティングで使用した貴重な一次資料を後日，木野氏よりお送りいただき，その内容について同氏に確認した。ミーティングの日付は 1984 年 4 月 2 日で，3 月 22 日，3 月 30 日，4 月 2 日にそれぞれ実験した結果の生データについてグループ内で検討している。この資料は一言でいえば，免疫抑制の活性が当初の狙い通り（今まで以上）のものが見つかったことを意味する。

　参考までに，後藤（1991）によれば通常の微生物の代謝産物を見つける手順については，以下の通りである。

　「まず菌株を取得するための原試料には，ほとんど土壌が使われる。土壌中には無数の微生物が生息しており，場所によって含まれる微生物の種類が異なる。時に温泉地や深海や極地からの土壌が取り寄せられたり，研究員が各地に出張した折に，その地の土を採取してナイロン袋に入れて持って帰る。土壌から菌を分離して培養するのが最初の作業であるが，まず滅菌水を入れた試験管に耳かき 1 杯ほどの土を入れる。十分分散させたところで，スポイトで吸い上げ，その 1 滴をシャーレの上に落とす。シャーレには培地が設けてあって，よく使われる培地はデンプン，グルコースなどを溶かし込んだ寒天である。通常は摂氏 30 度で培養する。1 日か 2 日経つと，微生物の小さなコロニー（集落）ができる。このコロニーを試験管の寒天培地に移しスラントを作成する（菌株の分離）。それぞれ単離された菌株を用いて液体培養を行い，スクリーニングサンプルを調整する。そのサンプル 1 つずつについて種々のスクリーニング系にかける（たとえば免疫抑制剤であれば MLR）。スクリーニング系を工夫することが，成功するか失敗に終わるかの鍵となる。」

第3部　画期的新薬タクロリムスの創薬・開発と経営者

　1980年代前半，藤沢では研究員のほか，社内報を通じて社員に各地の土をサンプルとして採取，研究所に送るよう協力を呼びかけていた。スクリーニング系にかけ，有効な新しい物質があるとわかれば（タクロリムスは約1万のサンプルの中から発見された），抽出，精製，結晶化，化学構造の決定，合成，という第2段階の手順がスタートする。

　後藤氏へのインタビューによれば，タクロリムスを発見してから大きな壁にぶつかる。すなわち次の培養で再現性を確認しようとしたところ，活性が出ないという事態に突きあたる。この原因が特定できなければ，研究はそこで終わっていた可能性がある。

　後藤氏へのインタビュー内容は次の通りである。

後藤：ヒットしたのが3月22日。そして，なぜ抑えるのかというところも，即，これはIL-2の産生抑制するってのがわかった。だから，これはほんまもんだなと。

栗原：なるほど。

後藤：それで，そこから培養。再現性の培養しようとしたら，活性が出ない。

栗原：なぜ。

後藤：それはタクロリムスの菌が2種類いたんだ。胞子があるものとないものと。スラントってのがあって，スラント引き直すと胞子がついてるやつのほうが生えて来るんだよな。実際，ものをつくるやつは胞子つけてなかったんで，あんまり生えない。ただ液体培養すると，胞子つけてないものがよく生えるんで，活性が出る。それ，ちょうど元のスラントからやると活性があるぞっていうのわかったんで，そこで2種類あるっていうのわかった。それで助かったんだ。あのまま「活性ない」ということであれば，そんで終わりなんです。

栗原：なるほど。最初，1回目，3月22日に活性があって，もう1回，再現性でやってみたんですね。

後藤：それは活性があった。だって，同じことだから。次には培養をもう1回して，どうかっていうのやったんだけど，そこで活性が出なかったんだよな。

栗原：そこでもし「もう駄目だ」と思っていたら駄目だったんですね。

第7章　テーマ決定と研究環境の整備

後藤：その時にちょうど菌を扱っていた研究員が活性のあったサンプルの培
　　　養液から菌を分離していたが，その中には，胞子をつける菌と胞子を
　　　つけにくい菌の2種類がいることがわかった。タクロリムスを産生す
　　　る放線菌は，胞子をつけにくい菌であった。胞子をつけにくい菌に
　　　「活性があるぞ」っていうんで，スラントから培養して。あれは筑波
　　　で培養したんだよね。培養して，それで連休ぐらいには。

栗原：1984年の5月ですね。

後藤：その頃には確か，1mgか数mg取れたと思う。数mg取れたものも，
　　　in vivoの活性もあの時，見たんです。それでもう活性あるってわかっ
　　　たんで，これは薬になる可能性の性格のもんだなっていうのは5月ぐ
　　　らいにわかりました。その後多量にものを取って，いろんな生化学，
　　　あるいは薬理実験しようかというようなステージに入っていきます。

7.7. 抽出精製および物理化学的性質の決定

〈1984年3月〉

　物質が発見された後，通常は，発酵液からの抽出，精製，結晶化，化学構
造の決定という初期のステップを踏むことになる。物質の化学構造が決定さ
れれば，その物質の再現性が担保できるからである。同時に特定した物質の
特許出願を行うことになる。

　タクロリムスは1984年3月22日に発見され，これらの化学構造式が特定
された後，同年12月3日に特許出願されている。これらの過程で発酵グ
ループが最も苦労したことは，タクロリムスの結晶化であった。初期は不純
物が多いため，徐々に純度を上げていき，最終的に純度がかなり高いところ
まできたが，なかなか結晶化しなかった。これを名古屋にある発酵の技術グ
ループが解決し，結晶化を成功させた。

　活性物質の精製は，発酵液から天然物を単離するために一般的に用いられ
る方法をいくつか組み合わせて行なわれた。発酵液1500ℓからHP[34]20カラ
ムへの吸脱着，酢酸エチル抽出およびシリカゲルカラムクロマトグラ

---

34 HPとは，合成吸着剤の商品名。

109

フィー[35] などにより分離した。得られた粗結晶を有機溶媒のアセトニトリルにより再結晶し 13.6g の無色プリズム晶を得ることができた。

　その物理化学的性質は，アルコール，アセトン，酢酸エチル，クロロホルムに可溶，水には難溶である。融点は 127〜129℃，分子式は C44H69N012・H20 であった。タクロリムスの化学構造は，化学分解，機器分析データを基に推定し，X 線結晶構造解析によりその相対配置を決めた後，タクロリムスを分解して得られた L-ピペコリン酸の立体を基に絶対配置を決定した。

　木野氏氏はインタビューで下記の通り述べている。

> 木野：最初は精製です。精製するのは，物質的にちょっと大変だったんです。随分大量に生産するように，菌自体，いろいろ改良して。
>
> 栗原：最初，筑波のジャーや名古屋のタンクで，1 年ぐらい培養が続くわけですね。
>
> 木野：そうですね。
>
> 栗原：この時点で，これはものになりそうだっていう感じはやっぱりありましたか。
>
> 木野：それはありましたね。それで，特許を取らないといけないですからね。あの頃は特許をちゃんと取れるだろうかなというのが一番の関心事でした。

　それまでなかなか結晶化しなかったタクロリムスが，1984 年 12 月 6 日に結晶化に成功し，構造が決定される。この時の状況を木野氏の上司である後藤氏はインタビューで下記の通り述べている。

> 後藤：その頃，なんやかんやしてるうちに，結晶が出た。それは名古屋のほうで，アセトニトリルっていう溶媒を使ってやって，結晶が出た。後で考えてみると，それはマクロライドの結晶化には，その溶媒使うのがいいっていうのは知られてた。
>
> 栗原：一旦菌を培養して，大きくするのはジャーですか。
>
> 後藤：いや，もうその時には，1t タンクとかそういうやつだった。たとえば

---

35 充填剤（シリカゲル）が詰められた筒状の容器で化合物などの溶液を通し，分離する機器。

第7章 テーマ決定と研究環境の整備

1t のうちにタクロリムスは数十gしかないわけ。1t の中の固形物っていうのは数百 kg あるわけだから。

栗原：不純物がいっぱい入ってるわけですね。トウモロコシの煮汁とかいっぱい。

後藤：そうそうそう。だからその中から，ステップを踏みながら，物の純度を上げていくんだ。最終的に純度が90何パーセントになってても，なかなか結晶化しなかった。それは結晶の種ができればね，できるんだけれども，なかなかそういうのができない。

栗原：じゃあそれは溶液の中に溶けてるだけで，結晶化してないから取り出せないわけですわね。

後藤：いや，取り出せるんだよ。アモルファス[36] っていって，砂糖だって結晶じゃない砂糖だってあるけどさ，そういう粉にはできるんだけども。

栗原：粉にはできるけれども。

後藤：結晶にはならない。結晶ってのは，物質が正しい方向に並んでいるものなんです。

栗原：なるほど。

後藤：過飽和にするんだよね。基本的には，もうこれ以上溶けないですよという状況にして，過飽和にしておいて，そっからじわじわと結晶が出てくる，そういう感じ。

栗原：そうすると，後はもうそれを取り出して，物質の構造決定に持っていけると。

後藤：そうですね。

7.8. 初期移植実験

〈1984 年 3 月〜 〉

　タクロリムスは発見後，in vitro での強い免疫活性が確認されたが，次のステップは，in vivo での免疫抑制作用の確認であり，筑波研究員がラットの皮膚移植からスタートさせた。その結果，全く免疫抑制剤を使用しなかっ

---

36 結晶構造を持っていない物質の状態。

111

た場合に比較し，タクロリムスを使用すると生着日数が大きく伸び，またその効果はシクロスポリンを 10〜30 倍上回るものであった。

初期実験を進めていくにあたり，研究マネジメントはそれぞれの局面で直接判断を下し，研究本部長（今中）は必要に応じて判断を行い，社長（藤沢友吉郎）はこれらがうまく進むように努めた。

詳しく述べると，あるラットの皮膚を主要組織適合抗原の異なるラットに移植すると平均 6.4 日で拒絶される。一方タクロリムスを皮膚移植直後から筋肉内に投与すると 0.1mg/kg では 8.4 日，0.32mg/kg では 14.0 日，3.2mg/kg では 42.9 日とそれぞれ生着期間が延長された。ラットの皮膚（耳片）を組織適合抗原の異なる別のラットに植えつけると，まったく免疫抑制剤を使用しなかった場合，拒絶反応によって平均 6 日間で皮膚は落ちてしまう。一方，ラット体重の kg あたり 0.1mg のタクロリムスを毎日 2 週間投与すると，皮膚は 8 日間生着した。シクロスポリンでは 10mg 投与すると 8 日間生着する。同じ方法で，量を増やして調べていくと，タクロリムスを 1mg にすると 27 日生着，シクロスポリンでは 32mg にすると 22 日間生着。タクロリムスを 3.2mg にすると 43 日間生着する。シクロスポリンでは 100mg にすると 40 日間生着。これらの結果から，ラットの皮膚移植に関して，タクロリムスはシクロスポリンの 100 分の 1〜30 分の 1 の量でほぼ同等の免疫抑制力を有しているということがわかった。

ラットの皮膚移植までは，藤沢の研究員で実験をすることができたが，ラットやイヌでの臓器移植試験については，千葉大学医学部第二外科落合武徳講師（千葉大教授を経て，千葉大名誉教授）等の協力を得て，経口あるいは筋肉内投与で検討が進められた。

ラットの心臓移植での効果を調べた結果，無処置群の移植心臓は平均 6 日で拒絶されたが，タクロリムス投与群では 0.32mg/kg の筋肉内投与で全例に 4 カ月以上の生着が見られた。続いてイヌの腎臓移植試験を実施したが，こちらも明らかな延命効果が認められた。いずれの試験においても，タクロリムスの活性はシクロスポリンを 10〜30 倍上回ることが明らかとなった。

第7章　テーマ決定と研究環境の整備

7.9. タクロリムスのシード（Seed）承認

〈1984 年 10 月〉

　藤沢の当時の研究開発における意思決定の仕組みは下記のようであった。

　製品の Go or No go を決定する最高意思決定機関はスクリーニングコミッティ（Screening Committee：以下 SC）と呼ばれるもので，経営会議の R & D 版である。議長は，4 代目社長藤澤が務めている。各トップマネジメントに加えて各研究本部長，開発本部長等がメンバーである。事務局は調査企画室が担当し，当時は今回綿密なインタビューに応じてくれた福元が務めていた。

　この SC に上程する前に，3K 会議（研究・開発・企画による会議）というものがあり，それぞれの本部長が入って十分に検討を加えられたものが，SC に上程される。これとは別に開発会議というものがあったが，これは，SC の節目節目で報告するという性質のものであった。

　シード提案とは，今後の新薬候補として先に進めますよ，というものであり，探索研究所長の青木が提案し，社長である藤澤が承認している。青木をバックアップしたのは，上司である研究開発総本部長の今中宏であった。

　タクロリムスが発見されてから約半年後の 1984 年 10 月，SC が開催され，探索研究所長の青木より，タクロリムスのシード提案がなされている。当時の提案内容を一次資料として参考までにお借りしたが，そこには，タクロリムス（FR900506）の今までの検討結果と今後の研究方針が提案されている。この時点は，その先研究がどうなるか全くわからないステージである。

　提案の今後の研究方針については，

　　① 構造解析

　　② 主作用（移植），副作用（腎毒性）をシクロスポリンと比較検討する

　　③ 作用機序面でシクロスポリンとの違いを明確にする

とされ，シード承認される。なお，この時点では既に心臓移植の系について千葉大の落合講師との共同研究を進めている旨が記載されている。同時に既に筑波研究所内で実施されたシクロスポリンとのラットの皮膚移植比較試験実験の結果も報告されている。

113

第8章 プロジェクトの始動と課題克服

8.1. タクロリムスプロジェクトの始動
〈1984 年 10 月〜1987 年 3 月〉

　タクロリムスが 1984 年 10 月の SC においてシード（候補品）承認された直後に，調査企画室にいた福元は，青木（探索研究所長）より「シクロスポリンよりも何十倍も強力な免疫抑制剤として，移植領域での薬剤として早期開発，発売を目指してほしい」との要請を受ける。

　この要請に基づいて，福元は全社を横断するタクロリムスプロジェクトを始動させる。タクロリムスの開発を探索研究所から引き継いだ 1985 年当時，社内にはプロジェクトチーム編成の考え方はなかった。タクロリムスは発酵研究で創出された免疫亢進剤 FK565 と同様，その活性の強さ，化学構造の独創性などからすでに社内では良きにつけ悪しきにつけ注目されていた。

　すなわち，FK565 同様，発酵由来なためそのユニーク性は認めるものの，発酵成分は薬にはなりにくいとの暗黙の神話があった。このような非科学的な議論や批判を排除するため，さらには開発情報を独占することで開発方針の独善を避けるために，当時のタクロリムスの開発ステージから見ると極めて異例ではあったが，福元は物性，代謝，製剤，薬理，開発，臨床の部門の所長や部長に依頼し代表者を選抜してもらい，プロジェクトチームを立ち上げる。その後，このプロジェクトが重要課題を解決することになるが，トップマネジメントは，このプロジェクトチームの場づくりに関わった。

　福元によれば，定期的にプロジェクトチーム会議を開催し，研究開発の課題の抽出と実験計画，進捗の確認，開発方針などの審議を行い，その会談記

録をプロジェクトメンバーや関係者に配布することとした。

　当時のプロジェクトメンバーは，下記の通りである。（敬称略）

　薬理は藤津隆，安全性は小原要（安全研所長）・本坊，代謝は岩崎，分析は羽根，開発は西山道久，アッセイ開発（血中濃度）は小林正和（生物工学）であった。このようなプロジェクトチームによる開発のマトリックス管理方式はその後のP0化合物以降の開発推進方式に取り入れられることとなった。タクロリムスの開発に大きく貢献した西山氏はインタタビューで，下記のように述べている。

> 栗原：創薬でモノが出た後，ここからの開発の10年はものすごく苦労している。創薬は創薬でスクリーニング系をつくることからはじまり，多大な苦労をしているが。
>
> 西山：創薬はものが出たらそこで一応の役目を終える。それを製品化するためには開発しかないわけだから。
>
> 栗原：そうすると，その当時の開発を，もちろん今，西山さんはガンガン行ってた分もあるけど，それを「OK，よし，やれ」と言ったのは今中さんであり，青木さんなんですね。
>
> 西山：今中さん，青木さんである。また開発をいくらやるたって，そのデータを出してくれるのはやっぱり研究所だからね。それは当時のプロジェクトメンバーの小原さんとか，藤津さんとかね。
>
> 栗原：小原さん，藤津さんね。
>
> 西山：彼らの協力なしに絶対できなかった。製剤にしても安村さんだし。そういう連中が，たとえば血中濃度を測定する方法およびその実施について，小林浩一さんや田村浩一さんが一生懸命やってくれなかったら，もう無理だったね。

8.2. 初期に発生した困難な複数のケースとその克服
経口剤の開発へ

〈1985年5月～1987年3月〉

　タクロリムスは発酵由来成分である。発酵品は化学合成品と異なり，類縁

第8章　プロジェクトの始動と課題克服

物質が多いためその精製と開発原体の確保に苦労することが多い。インタビューした福元によれば，開発を引き継いだ段階で，タクロリムスはすでに一定の純度は確保されたとのことで，発酵の収率は低いものの，菌株の収率改善研究と同時に，探索研究所から工業化研究所へ前臨床試験用の原薬1kgの製造依頼が出されていた。念のため物性研究所に純度検査を依頼したところ，純度は90%を下回っていることがわかった。一部には，発酵品だからこのまま開発を続行すべきとの意見もあったが，プロジェクトチームとして発酵品といえどもGLP[1]下の毒性試験には合成品並みの純度99%以上が必要，それがどうしても難しい場合は，十分な科学的裏づけのもとに97%以上の原薬を確保すべしとの結論とした。

　この意見をもとに工業化研究所へ原薬の精製法の開発を依頼すると同時に，開発コストの配慮から低収率の発酵菌株からの原薬確保は当面保留として，菌株の収率改善に向けての菌株改良に専念するよう依頼する。福元によれば，タクロリムスの精製法の開発に相当な時間がかかるものと覚悟していたが，3カ月程度で99%以上の原薬の精製法が開発され驚くとともに感謝したとのこと。物性研究所と工業化研究所の頑張りでGLP毒性試験に供する原薬の調達に目処が立ったものの，次に記載する将来の開発製剤の選択はさらに苦労が伴った。

　探索研究所のそれまでの検討で，タクロリムスはシクロスポリンと比べてin vitroでは約100倍強力で，in vivo（ラット移植モデル）でも30～100倍活性が強いがこれは注射（筋肉内投与）での結果であり，経口投与では効かないとのことであった。しかし，プロジェクトチームでは，シクロスポリンは移植領域で経口液剤と静脈注射剤をP3開発中で，将来の移植領域での市場性を考えると，どうしても経口製剤の開発が必須と考えられた。さらには注射剤としても当時ペニシリンの筋肉注射による壊死の事故が社会問題化していたので，筋肉注射と同等の血中濃度を確保できる静脈点滴製剤を開発す

1　Ggood Laboratory Practiceの略。優良試験所規範，試験実施適正基準のこと。医薬品や食品の安全性を評価する検査や試験が正確かつ適切に行われたことを保証するための基準であり，安全性評価試験の信頼性を確保するため，試験施設が備えるべき設備，機器，組織，試験の手順等について基準を定めたもの。

117

第3部　画期的新薬タクロリムスの創薬・開発と経営者

る方針が決定された。早速プロジェクトチームの開発方針を探索研究所に伝え，再度ラットでの移植試験を経口投与で実施することを依頼した。すでにラットの移植試験は，千葉大学より試験方法を導入済みでルーティンに薬理評価に使ってはいたが，実験手技の煩雑さや通常3カ月以上かかる長期の評価期間などから，この試験の実施には抵抗があったとのことである。タクロリムスについて福元は，薬理研究者から経口投与に関していろいろと工夫をしながら試験を実施したものの，経口では効かないとの試験結果の報告を受ける。この結果に落胆しつつも，念のため実験の生データのコピー送付を依頼した。それによると，タクロリムスの筋肉内投与群は 0.32mg/kg から移植片の生着延長が認められるのに対して，タクロリムスの経口投与群はどの投与量でも対照（vehicle）群と同様に試験の6〜7日目に移植片の離脱を起こしていた。

　この実験結果を受け福元自身の興味から，この大変な試験を実施した研究者に謝辞を述べるべく，試験責任者に電話で「本試験実施に土日返上で実験していただいたことに感謝する」と述べたところ，本試験は週5日投与で週末は投与していないとの返答があった。福元によればこの報告に，試験の性格上アジュバント関節炎試験[2] と同じく土日返上で投与すべきで，加島研究所（大阪の研究所）でできることを何故筑波の研究所ではできないのか？と思わず興奮した声で話してしまったとのこと。聞けば筋肉内投与では週5日投与で週末投薬なしでもタクロリムスは十分有効性を示すこと，加島と異なり，筑波研究所では組合協定で土日出勤に制限があるとのことであった。電話の相手もこちらの声以上に興奮して反論してきたが，タクロリムスの筋肉内投与は本剤の物性から考えて血中には持続的に流出している可能性があること，この経口投与試験はタクロリムスの将来の運命を左右しかねない重要な意味を持つことなどを説明して，福元は再試験を依頼した。筑波研究所より，再試験の結果タクロリムスが筋肉内投与程ではないが，経口投与でも有効なことが判明したとの報告が程なくもたらされた。

　福元によれば，薬理の経験のないプロジェクトコーディネーターの生意気

2　アジュバントとは，薬物の作用を増強する目的で併用される物質・成分の総称であり，アジュバント関節炎試験は，関節リウマチを反映した病態試験とされている。

118

な依頼に，怒鳴り合いながら，かつ疑問を抱きながらも再試験を実施し，試験の結果経口投与での薬効確認を興奮して報告をしてきた薬理担当責任者とはその後も深い信頼関係が維持されているとのことである。

またタクロリムスは発売以来20年以上を経過したが，この間グローバルでの売上の9割以上が経口剤であることを考えると，ここでの経口薬検討の意味はとてつもなく大きいと言わざるを得ない。

以下，福元氏へのこの点に関するインタビュー結果を記す。

福元：シード提案で，当初タクロリムスは注射剤として開発をしなさいということになって。シクロスポリンはね，注射剤じゃなくて，経口剤で開発をされているんでね。注射剤もちろんありましたが。タクロリムスは経口で効かないよと言うんだけれども，経口剤じゃないと市場性は100分の1もないよということで，本当に効かないか，すべてのデータを取り寄せてみたんです。それでも効かないと。効かないかどうか知らんけど，もう1回やってくれと言ってね，薬理の人に頼んだんです。

栗原：経口薬でもいけると。

福元：はじめ経口剤では効かないと出たんですよ。もう1回そのデータを見せてと。そしたらね，筋肉注射じゃあ効いたけど，経口では効かないと言う。はがれるのは，皮膚移植と心臓移植かな。土曜日と日曜日ではがれているわけです。プラシーボもそうなんよ。土曜日と日曜日に。当然，「土曜日も日曜日も投与をしてくれたんだ。ありがとうね」と，「大変なこと，無理な仕事頼んだ」と言ったら，「いや，当然土曜日，日曜日はやっていないよ」と。「なんで」って言ったら，「筑波では組合協定があって，投与できないよ」と。そんなばかなと。加島では，アジュバント関節炎（試験）といって，土曜日も日曜日も投与をするんだよと。なんで筑波ではできないのと。やれと言って，ものすごく向こうは反対やったけれども。組合協定でそういうことはできないと言いよったけど，課長さん以上が残ってやってくれたのかな。

栗原：それは土日にそれを投与していないから，結果として。

福元：そう，筋肉注射だったらね，土日投与してないんですよ。けども，持続性になっているわけ。筋肉注射は。

119

第3部　画期的新薬タクロリムスの創薬・開発と経営者

栗原：内服の場合土日も投与すれば，その分はちゃんと血中濃度が。

福元：維持できるから。

栗原：できるから。

福元：ちょうど，たまたまそこではがれたんちがうかと。そういう可能性も
　　　あるからね。経口剤になるか経口剤にならないかはね，極めて重要な
　　　境目だと。だからやってくれと言ったらね，やる必要ないと。やって
　　　くれと，ものすごく言い合いながらやったらね，効いたんですよ。効
　　　きましたと電話かかってきた。

栗原：経口か注射かの最後の分かれるところっていうは，非常に重要だった
　　　ですね。もし，これ経口で効かなかったら注射剤でずっとやることに
　　　なると。その売上にしても，もういろんな副作用が出て，ものすごく
　　　違いましたね。

福元：副作用がつくかもしれない。

栗原：患者のコンプライアンス（服薬利便性）も違います。

福元：全然違います。

栗原：ここが1つの重要局面でしたね。

8.3. 千葉大学落合武徳講師との出会いと海外学会発表

〈1984年～1986年頃〉

　1984年3月にタクロリムスを発見し，その後，ラットへの皮膚移植を実
施し，強い免疫抑制作用を確認したものの，この先どのような形で進めよう
かと考えていたところ，千葉大落合講師との出会いにより，その後の道が大
きく開ける。筑波の研究責任者であった青木と落合講師との出会いは，その
後のタクロリムスの運命を決定するほど大きな出来事であった。

　アカデミアとのネットワーク構築とその活用は，経営者の中長期視点から
の価値的判断項目であり，タクロリムスの開発過程においてはこれが決定打
となった。

　1984年12月1日，第2回癌制御研究会が大阪にて開催された。この会は，
1978年に大阪大学で発見されたN-CWSの免疫療法学研究会から派生した
ものである。当時免疫療法学会の座長は，大阪大学総長の山村雄一が務めて

120

おり，この絡みで，制御の研究会も1つやろうということで，同じく山村雄一が座長を務め，1983年に第1回が開催されている。この研究会では，徳島大学第三内科の曽根三郎，千葉大学第二内科軍司祥雄，国立がんセンター渡辺寛が講演し，その後，後に大阪大学総長になる免疫学の大家岸本忠三氏が特別講演を行っている。

この講演に藤沢からは，青木と開発の天谷が出席していた。また当時千葉大学医学部の講師であった落合も出席している。落合は，動物の臓器移植に伴う免疫抑制について研究していた。第2回癌制御研究会が終わり，その後の二次会で青木の隣に落合が座った。青木はその時，山村教授に紹介されはじめて落合を知った。研究会の開催された1984年12月はタクロリムスが発見されて約9カ月後であり，発酵グループの抽出，精製（粗精製）により，ものも取れ出してきたころである。研究所の中では，強力な免疫抑制作用を持っているということが徐々に認識されはじめたころである。

落合の隣に座った青木は「今度，藤沢の探索研究所でシクロスポリンよりも100倍免疫抑制作用のある物質が見つかりました。」とin vitroでの結果をかいつまんで話すと，落合は何か感じるものがあったのかすぐに強い興味を示した。「それでは，結晶物が得られたら千葉大で動物実験をさせてほしい」と申し出た。この時すでに，落合は藤沢が強力な新しい免疫抑制物質を発見したというニュースは耳にしていた。

この時の状況は，青木氏のインタビューによれば下記の通りである。

栗原：千葉大の落合先生との出会いですが。
青木：そうそう。山村先生の癌制御研究会の時に，そのメンバーであった落合先生と二次会の時，隣同士になり「すごく免疫活性が強く，副作用も結構強い物質ですが，この後，どうしようかと思ってるんですよね」とか言ったら，落合先生から「それじゃあ，ぜひやらせてよ」って。
栗原：ここは青木さんと山村先生と落合さんの出会いがもしなければ，もしかしたら，その後のタクロリムスの動物実験は難しかったかもしれませんね。
青木：これはね，しっかり記述しておいてほしいんだけど，落合先生は，それから1年間，土日を全部つぶしてね，10人ぐらい若い先生を筑波

第3部　画期的新薬タクロリムスの創薬・開発と経営者

　　　　　研究所に連れてきて，中原さんたちがそれのサポートをしながら，犬
　　　　　での実験をやった。
栗原：中原さんとか，稲村さんとかですね。
青木：そう，稲村さんですね。動物実験に関して落合先生を見ていて，お医
　　　　　者さんというのは本当に頑張るなと思った，土日全部つぶすんだから。
　　　　　全部つぶして土曜日，日曜日の2日間丸々仕事をして帰るわけ。
栗原：藤沢の筑波研究所へ来て。
青木：研究熱心という意味では，本当にすごかった。それで出したデータを
　　　　　ヘルシンキで発表して，スターツル先生が飛びついてきた。
栗原：そうですね。そういう意味では，はじめに青木さんと山村先生との出
　　　　　会いがあって，一方山村先生と落合先生も懇意にされており，そこで
　　　　　山村先生を介して，落合先生と出会った。
青木：ほとんど動物実験データはこの人が，このグループが単独で出してき
　　　　　たわけですからね。

　青木は，落合が畑違いな分野に強い反応を見せたのが少々意外だった。そ
の時は，落合をがん免疫の研究者とばかり思い込んでいたのである。しかし
落合がその話にすぐに反応した理由は，十分過ぎるほどあったのである。
　後藤（1991）には，落合への詳細なインタビュー結果が次のように残され
ている。
　　「落合は，東京の下町の出身で，1966年に千葉大学医学部を卒業，大学
　　院に進んで外科を専攻した。＜中略＞落合が，がん免疫に関わるように
　　なったのは，医局に入り，市中病院の勤務医を経て，1973年，ニュー
　　ヨーク州立大学メディカルセンターに留学して以降である。もともと落
　　合がテーマとしていたのは移植免疫と腎臓移植の臨床で，留学先に
　　ニューヨーク州立大学を選んだのも，日本では数少ない腎移植の経験を
　　多く積みたいと思ったのが大きな動機だった。移植外科に魅かれたの
　　は，ハーバード大学のボストン・グループが1954年，一卵性双生児の
　　兄弟の間で腎臓移植を成功させたという記録を学生時代に読んだこと
　　が，ひとつのきっかけとなっている。ニューヨークにいた頃，フォード
　　大統領とロックフェラー副大統領の夫人がともに乳がんになり，新しい

122

がん制圧の手段として免疫賦活剤が脚光を浴びはじめていた。それは，従来がん細胞を直接やっつけることのみに集中していたがん療法に対して，違う角度から切り込んだものとして，落合には新鮮に映った。がんを専攻したわけではなかったが，2年後に帰国した落合は，日本国内で，免疫賦活剤をぜひ使ってみたいと思ったのである。使うならきちんとした研究者の手によるものを使ってみたい。そこへ山村氏の「N-CWS」を聞き，教室の教授に紹介状を書いてもらって山村に会いに出かけた。当時山村は大阪大学医学部第三内科の教授であったが，すでにこの世界の権威であった。落合はまだ一介の講師に過ぎなかった」。

　つまり，落合は免疫賦活剤へ興味を持つ一方，移植の外科医として成功させるための免疫抑制剤についても，人一倍興味を持っていたのである。

　青木によれば，試験管レベルでのデータが出そろってきた段階で，次の段階へ進む試験テストをどうしたらいいかと迷っていた。藤沢としてもいろいろなルートがあるが，移植外科医とはなかなかルートがなかったのである。そのような中での落合との出会いであった。そして，筑波の探索研究所に，落合が千葉大学第二外科の若手を引き連れて連日のようにやって来るようになった。落合の協力による動物実験は，ラットやマウス（ハツカネズミ）などの小動物からはじめて，最終段階としてイヌ，ブタ，サルなどヒトにより近い大動物に移行していくのが手順である。

　この時の動物実験の詳細は，後藤（1991）によれば，以下の通りである。
　　「まずラットを使っての心臓移植が行われた。この場合，心臓移植それ自体をテーマにしたものではなく，心臓移植に対する薬理効果を見るのが目的であるから，手術手技が簡単な異所性心臓移植が採用されている。すなわち，レシピエント（臓器受容者）の心臓は摘出せずにそのまま置いておく。ドナー（臓器提供者）から摘出した心臓の大動脈と肺動脈を，レシピエントの首下を走っている頚動脈と頚静脈にそれぞれ吻合する。移植心臓は頚動脈から得た血液で拍動し，拒絶されると止まってしまう。実験結果は，まったく免疫抑制剤を与えなかった場合，移植心臓は皮膚と同じように平均6日間で拒絶された。ラット体重のkgあたりで，0.1mgのタクロリムスを毎日2週間投与（筋肉庄射）すると，半

数以上が投与を中止した以降も心臓は「半永久的に」拍動し続けた。0.32mgを投与すると，全例が投与を中止した以降も心臓は「半永久的に」拍動し続けた。シクロスポリンで「半永久的拍動」を得ようとすると，10mg必要である。すなわち，ラットを使った心臓移植においても，タクロリムスはシクロスポリンのおよそ1/30の量で，同等の免疫抑制力を有しているということが判明したわけである。＜中略＞なお，この「0.32mg」という量は動物実験の結果として得られた数値であったが，藤沢の研究陣がin vitro（試験管内）でのデータからあらかじめ割り出していた数値でもあった。またこの実験で，シクロスポリンの場合は，移植後4日目以降での投与では，生着延長効果がほとんどないが，タクロリムスは移植後4日目以降に投与してもすでにはじまっている拒絶反応を抑えて，生着が延長するということも判明した。＜中略＞

　イヌを使った腎臓移植は，1985年夏，夏休みを利用して集中的に行われた。千葉から筑波まで，車で1時間半ほどの道のりである。午前中に2頭，午後に2頭，1泊してまた翌日に4頭というペースで実験を繰り返すのである。＜中略＞

　探索研究所の実験環境は大学よりはるかに良かった。とくにイヌが違っていた。大学で手に入るイヌはほとんど保健所から貰い下げてくる野犬で，フィラリアなどに冒されているものが多い。イヌが弱ってきても，それが薬の副作用によるものなのか，あるいは免疫抑制剤の投与によって免疫力が低下し，そのせいで感染症が顕在化してきたものなのか，よくつかめぬ場合もあるのである。藤沢が用意したイヌはアメリカから輸入したビーグル犬だった。医学実験用に飼育されているもので，もちろん寄生虫やフィラリアに冒されていない。ビーグル犬を使った実験は，筋肉注射によるもの，経口投与によるものと，それぞれ60頭余りずつ行っている。この腎臓移植では，ふたつある腎臓をともに摘出し，その後に別のイヌの腎臓をひとつ植え込む方法で行われている。免疫抑制剤を与えないと，数日後には拒絶反応が現れ，腎臓のクレアチニン値が徐々に上昇して，平均15日前後でイヌは尿毒症によって死んでしまう。得られた結果は，kgあたりでタクロリムスを1.0mg連日投与

（経口投与）すると，すべてのイヌが平均で140日以上生きるというものだった。シクロスポリンで同じ結果を得ようとすると，20〜30mg必要であるから，この実験結果からも，タクロリムスはシクロスポリンより1/20〜1/30程度の量で同じ効果を持っていることがわかった。」

また，今回インタビューで後藤俊男氏は下記のように語っている。

後藤：それで作用機序もわかってきて，1985，86年ぐらいまではその関連した研究やってたんだよ。落合さんなんかとやったのは1985年の夏ぐらいかな。

栗原：1984年の12月に青木さんが落合先生に話をして。

後藤：1984年の12月には，青木さんとかはそこら辺もう知ってたんだよ，シクロスポリンの100倍ぐらい強いの採れたぞって。

栗原：言ってたんですよね。おそらくその辺で，1984年から5年にかけて，落合先生が臨床の先生連れて筑波の研究所へ。

後藤：1985年に来たかな。

栗原：もうちょっと先ですか。

後藤：もうちょっと先だと思うよ。1985年のころはまだ千葉大でわさわさやってたんだよ。

栗原：ラットでやってたんですか。

後藤：そう，ラットでやって，はじめはあまりうまくいかなかった。

栗原：はじめは難しかったんですね。

後藤：最初はね，皮膚移植はすごくうまくいったんだ。心臓移植がいまひとつうまくいかない。それで佐倉に，佐倉病院っていうのがあるんだけど，千葉大の系列で，その佐倉病院に長田先生という方がいたんだ。で，彼が一番腕は良いっていうんで，それで長田先生がきっちりやってくれるんだけれども，後藤さん，僕のとこね，あんまりたくさんは飼えないんだよって。実験はできるけれども，病院だから。だから手術だけするから持ち帰ってくれないかって。それで暑い盛りに，車運転して長田先生の所に，佐倉病院行って，その病院で先生の移植したやつを持って帰るんだよ。それで，稲村君にそれを預けて。それであの頃はあんまりそんな，会社の車なかったからさ，しょうがないから俺の車の後ろの座席にやで。

第3部　画期的新薬タクロリムスの創薬・開発と経営者

栗原：クーラーボックスみたいな。

後藤：クーラーボックスに入れて，冷房かけといて，乗せて。

栗原：先生は移植だけはするわけですね。それでそれをもらってきて，筑波でタクロリムスを注射するわけですね。それがなかったら今のタクロリムスはなかったかもしれない。

後藤：それで，もっと大変だったんだよ。動物の安全管理がさ，だって筑波の中すごくきれいじゃない。

栗原：先生たちがやったやつを持ちこむのは，なかなか難しい。

後藤：病院の横にある掘っ立て小屋みたいなとこでやってるわけだからさ，これは汚染されてると。だから駄目ですよと。大阪のほうからさ，ストップが。

栗原：誰から？

後藤：大阪のほうから。で，筑波の安全管理っていうか。それじゃあね，普通はさ，人間の持っている病原菌とかそういうのを外から動物に感染させないような，SPSクリーンルーム[3]ってのあるんだけど，今度は違うんだよ。その動物が入って来るんで，その動物の飼ってるやつが，ほかに悪い影響与えないようにっていうようなやつなんで，今度はね，普通はさ，陽圧なんだよ。空気がどんどん中から吹き出るようになるんだけれども。

栗原：陰圧だ。

後藤：陰圧。

後藤：普通は吹き出すんだよ。

栗原：ところが今度は，むしろ逆なんですか。

後藤：そうそうそう。だから外の部屋はそんな汚くない，普通のクリーンルームなんだけれども，中に空気をどんどん入れてって，入った空気は外に出す時には，今度は汚物っていうか，汚いものが出ないように，ちゃんとそこにフィルター入れてやるような，そういう非常に複雑な実験室つくってもらってんだよ。

栗原：そのためにその実験室つくってもらったんですか。

3　空気中の浮遊塵埃が限定された清浄度レベル以下に管理され，必要に応じて温度・湿度等を一定の基準に制御する部屋。

第 8 章　プロジェクトの始動と課題克服

後藤：つくってもらった。

栗原：そのために。

後藤：だから青木さんにさ，金かかりますよって言って。いいからどんどん
　　　やれっていうわけでさ，じゃあそれつくってもらって。で，次に。

栗原：その後，落合先生とか 10 名ぐらい連れて土日。

後藤：それはもっと後ですね。

栗原：もっと後ですか。最初のところは本当にそれが小動物で効くかどう
　　　かっていう。

後藤：皮膚移植で効きますって言ったんだけどさ，皮膚で効いたって，やけ
　　　どの薬にしかならへんよって言って，それでさ，心臓移植を。

栗原：その時は，はじめラットで心臓移植をやるわけですか。

後藤：そう。それで持ってきたやつを，長期に飼育しなきゃいけないわけ。
　　　100 日以上。だから注射もずっとしなきゃいけなかった。

　1986 年 8 月ヘルシンキで開催された第 11 回国際移植学会において，千葉
大学の落合講師からタクロリムスの動物試験データ（ラット心臓移植）が発
表された。これは国際学会における最初の研究発表であり，数多くの移植学
者の興味を引き，タクロリムスがグローバルに認知された瞬間でもあった。

　ただ，福元によれば，ここでの落合講師発表時は，まだ A 社と共同研究
契約が結ばれており，A 社は落合講師の学会発表に強く反対していた。

　反対の主な理由は，

① この基本契約の中には，P2 に入るまでは発表しないことになっているこ
　と（特に移植の発表は用途がわかってしまう。競争相手を考慮し）。

② A 社をバックアップしていた B 先生の前に落合講師が発表するのはまか
　りならぬ，というものであった。

　発表日ギリギリまで許可が下りず，この A 社との交渉には福元があたり，
度重なる交渉の末，なんとか直前に許可が下りる。落合のヘルシンキ国際移
植学会での発表後，ピッツバーグ大学移植外科のスタッール教授[4] からのア

―――――――――――――――
4　1963 年に世界初の脳死肝移植を行って以来，多くの臓器移植手術を手がけ，移植医療の世界で
　は最も著名な教授。詳細は 8.8. にて後述。

127

プローチや，タクロリムスの国際的な評価が高まっていくことを考えると，落合講師の発表はとても重要なものであった。

　福元氏はこのことについてインタビューの中で下記の通り語っている。

福元：このヘルシンキで発表するという話があって。この学会で発表するのには，A社に了解を取らんといかんわけ。取ろうとしたら，この基本契約では，P2に入るまでは発表しないということになっていた。特に移植の発表は用途がわかってしまうから。競争相手ができるからね，絶対駄目だという話なんですよ。それに加えて，B先生の発表の前に落合先生が発表するのはけしからんという話。

栗原：共同契約を結んでいるから。

福元：要するに，パートナーって，藤沢でタクロリムスは見つかったけれど，これは両社の共有財産やと。そうすると，A社にとってB先生は一番近い先生ですから，シクロスポリンも彼の指導でもって，なってきているんだと。どっちかというと落合先生より，B先生に発表させたいというのがあったんかもしれんね。

栗原：それは厄介な問題があったわけですね。

福元：厄介な問題でね。だけどB先生は，その頃にはタクロリムスに対してネガティブな発言をしているわけです。

栗原：これはものにならんと。

福元：ならんと言っているけれども，俺よりも先に落合先生が発表するのはけしからんという話があったのかもしらん。A社からはいつまでたっても了解取れないんですよ。毎日毎日，僕はA社にね，「基本契約にP2に入るまで発表しないと書いてあるが，それも特別の場合で，うちの中の発表じゃなくて，大学での発表である。これは藤沢の中で規制できない」と言ったんだけど，そのサンプルは藤沢から出たという話で，ものすごくもめた。だけど発表の2，3日前になって，やっとOKが取れて，落合先生に発表してもらった。発表してもらった時に，B先生は，その頃，駄目だと烙印を押してね。一方その落合先生の発表を見て，スターツル先生が面白いからと。

栗原：というので接触があったんですね。

第 8 章　プロジェクトの始動と課題克服

また，ヘルシンキにおける落合の発表に関する後藤（1991）の記述は，とても興味深い内容である。

「国際移植学会は 2 年に一度開かれる臓器移植関係の国際学会で，移植医たちにとっての新しい仕事を発表する最大の場である。応募演題を会場で発表できる基準は厳しいが，落合が提出していた「新しい免疫抑制剤タクロリムスに関する動物実験報告」は，もちろん文句なしにパスをした。発表日の前日，シクロスポリンの開発者であり，担当の主任研究員であるサンド社のボレルと顔を合わせた。すでに 2 人は，各種の学会で顔見知りになっていた。＜中略＞ボレルがこだわったのは，「タクロリムスは，本当に殺細胞性ではない免疫抑制剤か」という点だった。ステロイド剤にせよアザチオプリンにせよ，シクロスポリン以前の免疫抑制剤はすべてリンパ球を直接叩くことによって免疫反応を抑制していた。そういった殺細胞性の免疫抑制剤ならシクロスポリンの敵ではないというわけである。サンド社においても，シクロスポリンの発見以降も新免疫抑制剤を探していたが，新たなものは見つけていない。だからよけい，シクロスポリンと同じようにインターロイキン 2 の産生を特異的に抑制し，かつ効き目が格段に優れているという物質の存在にボレルは，半信半疑だったのだろう。」

学会発表の翌日，シクロスポリンと同じように IL-2 の産生を特異的に抑制し，かつ効き目が格段に優れているという物質の存在を落合講師の発表で知ったボレルは，驚嘆する。

8.4. 一般毒性評価と薬効評価

〈1985 年 5 月〜1987 年 3 月〉

藤沢の探索研究所と共同研究先の千葉大学落合研究室から移植患者での臨床開発に先立って，イヌまたはサルなど大動物での薬効評価は必須との指摘を受ける。この時点では，まだ経口製剤は開発されていなかったので，筋肉内投与でのイヌでの移植実験の共同研究を落合研究室に申し入れる。落合講師から移植試験に先立ってイヌでの筋肉内投与で，18 日間の予備毒性試

129

第 3 部　画期的新薬タクロリムスの創薬・開発と経営者

験[5]実施の要請を受け，これを実施。その結果に基づいて筑波の探索研究所でいよいよ 0.32mg/kg をトップ Dose[6] とする一群 4〜6 匹合計 21 匹でのイヌでの移植試験を実施することになった。藤沢の最新設備実験室が出来るまでは，イヌの移植手術を落合研究室で担当し，その後の飼育と観察は藤沢が担当し行った。

　大学の医師達の都合で手術は日曜日と決まり，落合研究室の約 10 名の外科医が総出で，朝早くから夕方までかけて，ドナー犬からの腎臓摘出，レシピエント犬への腎臓移植，腎臓の病理標本作成が極めて手際よく流れ作業のように進行したが，1 日では試験は終了せず，翌週の日曜日も同様な作業が実施された。その結果は，最高用量（0.32mg/kg）では薬効は認められたものの，毒性のため生存期開の延長は十分ではないが，低用量（0.08mg/kg）〜中用量（0.16mg/kg）では対照群に比べて生存期間の延長が明確に認められ，中用量の 6 例中 1 例の腸重積[7]を除き，忍容性は高いというものだった。生存期開も対照群で 13〜36 日に対して低用量群で最高 274 日，中用量群で最高 280 日まで生存した。

　共同研究先の A 社でも，ヒヒでの腎臓移植試験がタクロリムスの筋肉内投与で実施された。その結果，タクロリムスは明らかに強力な免疫抑制作用を示すが，糖尿病様症状と動物の全身衰弱など副作用を示すことが報告された。しかし福元が A 社より詳細な実験のプロトコルとその結果を送ってもらい，分析すると，術後の初期投与量として 0.5mg または 1mg/kg/Day 投与の筋肉内投与を 28 日間継続しており，その後，0.1 または 0.2mg/kg/Day に減量しても免疫抑制効果は維持されており，腎機能はいづれの投与群でも正常に維持されていた。落合研究室で実施しているような予備毒性試験なしに投与量設定をしたために過剰投与であった可能性が示唆された。

　また，シクロスポリンとの比較においてタクロリムスの経口製剤での予備的一般毒性と薬効評価が実施された。その結果ラットでは皮膚移植で 3.2mg/

5　開発候補品としての可能性を見極め非臨床試験への移行を判断する前に安全性を確認すること。

6　最高投与量の意味で，この場合は，最高投与量を 0.32 にして後，0.16，0.08 とか等比で投与量を振り，至適投与量を決定していく。

7　小腸が大腸の中に入り込んで（逆蠕動）して腸閉塞を発症する病気。

130

第8章 プロジェクトの始動と課題克服

kg から，心臓移植では 1mg/kg から薬効が認められ，2 週間一般毒性試験では 10mg/kg から毒性（腎臓毒性，膵臓毒性，肝腺毒性，中枢毒性）が認められたが，3.2mg/kg では毒性は発現せず，3〜10 倍の安全域が確保でき，シクロスポリンとの比較においても満足できる結果が得られた。また，イヌでの経口投与では腎臓移植試験で 1mg/kg/day の経口投与から薬効を確認できた。

　A 社でもイヌでの腎臓移植実験を実施し，低用量（0.5mg/kg）では薬効も腸重積も認めなかったが，薬効量（1mg/kg）で同様の腸重積を認めた。落合講師に提示してコメントを求めたところ，これは移植による拒絶反応の可能性があり，必ずしもタクロリムスの副作用とは考えられないとのコメントだった。いずれにしてもイヌでは安全域を確保出来ないことは明らかとなり，プロジェクトチームでも開発中止もやむなしとの意見が大勢をしめた。しかし，イヌは四足でかつ腸がヒトより長い（体長比）ので直立歩行のヒトの毒性の予測としては不適切ではないか？ ラットでは幸い腸重積は認められず，イヌを直立させて試験するとかサルやヒヒでの予備毒性試験を実施してからでも諦めるのは遅くないのではないかとの意見が飛び出した。確かにヒヒでの腎臓移植試験ではイヌで見られた腸重積は発現していなかった。

　そこで，プロジェクトチームとしては大動物の毒性試験としてヒヒを選択することとした。もしイヌの結果だけで判断していたら，タクロリムスのその後の開発は難しかった可能性が高い。プロジェクトチームでの進め方が吉と出た。また，移植の市場は圧倒的に海外が大きいことから，P0 以降の GLP 下でのラットおよびヒヒの亜急性毒性試験[8]は海外の施設に委託し，最初から英文で各書類を作成していく方針を採用することにした。その当時の藤沢ではこのような海外先行の開発方針と英文での書類作成方針は画期的な考え方であった。

8　さまざまな物質や物理的要因（電離放射線，電磁波など）を 1〜3 カ月程度連続的に反復投与してヒトや動物に現れる毒性を，亜急性毒性とよぶ。亜急性とは，急性と慢性の中間をさすことばであり，その期間に関して毒性学的に厳密な定義はない。一般に，実験動物（ラット，マウス，イヌなど）を用いて実施される亜急性毒性試験には 4 週間（28 日間）試験と 13 週間（90 日間）試験の 2 通りがあり，いずれにおいても被験物質を 4 週間または 13 週間継続して，動物の体重，摂飼（せつじ）量，臨床症状および生存率などの指標に現れる変化と，生化学的検査，血液学的検査，および病理学的検査（剖検および病理組織学的検査）で検出されるさまざまな毒性影響を評価する。

131

8.5. 血中濃度の測定

〈1985 年 5 月～1987 年 3 月〉

　タクロリムスを投与した際の血中における微量濃度の測定は，それぞれ個人差のある患者への適切な投与量決定に欠かせないものであった。将来のタクロリムスの製品化を考える上でこの問題（微量濃度の測定）を解決することは極めて重要であり，その必要性があった。タクロリムスは開発早期にもかかわらずプロジェクトメンバーとして代謝研究の専門家を有していたが，当時の代謝研究所の所長からは研究の資源配分の関係でタクロリムスの研究支援はできないとのことであった。しかし，タクロリムスの開発を進める上でより感度の良いアッセイ方法[9] の開発は必須で，当時まだ Toxicokinetic[10] の概念は普及していなかたものの，P1 実施時のヒトでの吸排やタクロリムスの安全係数の狭さを考えるとシクロスポリンと同様，臨床で簡便に血中濃度を測定できるアッセイ方法の開発は急務であった。

　タクロリムスの大きな特長は，シクロスポリンよりも活性が 30～100 倍強力ということであったが，同時にこれはアッセイ法開発上（微量検出という点において）の大きな障害でもあった。福元はその時，生物工学の技術を用いれば鋭敏なアッセイ方法の開発の可能性があるとのプロジェクトメンバーからの示唆より，早速当時の中央研究所の所長に相談，生物工学の細胞融合の技術で創薬研究や医関連事業の研究をしていた研究チーム（小林チーム）へ研究依頼を行い，快諾を得る。生物工学研究チームの参加により，あれ程難題と考えられた感度の良い微量定量法について，1 カ月後にはポリクロナール抗体[11] による EIA 法[12] を開発，その後間もなくさらに感度の高いモノクロナール抗体[13] による EIA 法を開発することができた。この方法は従来のアッセイ法（HPLC 法）より検出限界が 1000 倍改善され，動物での薬

9　分析法のこと。タクロリムスの場合，薬物の血中濃度測定法を意味する。
10　血中濃度と副作用発現，その程度を定量的に研究する学問。
11　1 つの抗原分子に対しては複数の抗体種が存在し，これら複数の抗体が混ざった状態のもの。
12　Enzyme Immuno Assay 法の略。抗原に結合した抗体に蛍光分子を付けておくと，蛍光の強さを測定することで抗原の量を定量できる。
13　単一の抗体からなる（ある決まった部分しか認識しない）一種類の抗体のこと。

効濃度での血中濃度検定が可能となった。モノクロナール抗体によるEIA法はその後，業務委託したアボット社のアッセイのキット化に応用され，簡便で迅速な患者でのタクロリムスの血中濃度モニターが可能となった。社内に残存していた技術の応用である。

この時点では動物実験であったが，これによりタクロリムスは将来の臨床使用に向けての可能性を急速に高めたのである。

本書を執筆する中で青木氏にインタビューした際，青木は「タクロリムスの重要局面は創薬から開発まで多く存在したが，この血中濃度の微量測定法が開発されていなかったらタクロリムスは製品化が難しかったかも知れない。すなわち，シクロスポリンの100分の1くらいの量で効くということは，それだけ血中濃度の測定が難しいことを意味し，これを開発できたことは，1つの分岐点でもあった。これを可能にした研究員は藤沢の米国研究所によく出張で来ていた小林さんとその部下の田村康一さんだと思う。またこの製品（測定器）はアボット社に販売してもらうことになるが，アボット社との交渉も大変だった。小林さんにはぜひインタビューをして，その実態（血中濃度測定法の開発）がどうであったのか，聞いてもらいたい」と述べていた。

早速，小林氏の連絡先を，西山氏に教えてもらい，大阪でのインタビューとなった。その中での特に重要と思われる部分について以下記す。

栗原：血中の微量測定法ですが，

小林：血中に出てくるタクロリムスそのものを測定します。

栗原：タクロリムスは微量なものですから，今までの方法ではそれを測定できなかった。

小林：そう，それまでは検出できなかった。測定には普通，UV[14]とかそういう検出器を使うんですよ。しかしUV検出器ではタクロリムスを検出できなかった。タクロリムスがUVのクロモフォア[15]っていう分子

---

14 光の吸収を見るもので単純には強く吸収されれば目的分子の濃度が高いと結論される。物質により最大吸収を示す波長が異なるので，異なった波長での吸収度を測定すれば目的物質だけを定量することができる。

15 UVなどの光を吸収する分子内の構造のこと。

の中に光を吸収するような構造を持ってない。だから，UV では見えないんですよ。ほとんど使えない。したがってそれをマススペクトル[16] (MS) へ持っていくわけです。そうするといろんなフラグメント，電子ビームをこうボンと当てますので，そこから分解したもののいろんなピークが出てくる。これをもう一度，マススペクトルへ持っていくんです。そうしたら，非常に選択的にタクロリムスだけを測定できるようになるんです。それが HP/MS/MS です。マススペクトルを2回行うんです。

栗原：それがいわゆる従来よりも 1000 倍ぐらい。

小林：もっと高い。

栗原：高く改善できたんですね。

小林：それで，HP/MS/MS っていうのはいいんだけども，その頃はそんな機器が開発がされてなかったんです。病院に臨床検査室なんかに，そのようなものはないんですよ。検出器の主流はその頃は UV だったんです。

小林：だから，エンザイムのアッセイ（EIA 法）を使って，アボットの機械なんかで測定できるようにしとったわけです。それで，僕らはポリクロナール抗体と同じ方法を使って，スプリーン（spleen：脾臓）を取ってきて，そのスプリーンからハイブリドーマ（融合細胞）をつくって，モノクロナール抗体をつくった。当時，医療関連事業部にいた海津さんがあの方法をつくってくれたから，僕らが速かっただけなんです。海津さんがつくったのは，ポリクロナール抗体による EIA。僕らは同じ方法を使ってモノクロナール抗体を取って，そしてそれを使って EIA をやった。

栗原：1987 年 6 月にタクロリムス・サテライト・シンポジウムにおいて，後藤さんが発表された後，小林さんが微量定量法の発表をやったわけですね。

---

16 ある分子に電子ビームをあてると，分子が様々な構造部分に分解する。これらの分解パターン（fragment パターン）と産生された分解分子の量を測定するのが mass-spectrum である。タクロリムスの場合，分子量は 804.018 dalton（ドルトン）で，電子ビームをあてると複数の大きな分子量の fragment が産生する。この中から適当な fragment をさらに次の電子ビームサイトに導き，再度 fragment 化する。これを mass-mass 法（あるいは MS-MS 法）という。最初に荒分けするのに液体クロマトを使うのを LC-mass（LC-MS），最初にガスクロマトを使う場合に GC-mass という。

134

第 8 章　プロジェクトの始動と課題克服

小林：タクロリムスのアッセイ方法ね。感度を上げるその理屈を含めて。

栗原：それでは，この時にはもうすでにその方法が確立されてたんですね。発表したわけですからね。

小林：そうです。だからもう 1986 年にはできてたんちゃうかな。一応，ラットでの心臓移植における，あるいは腎臓移植における有効な血中濃度というのは，それで測定することができましたと。

栗原：当時血中濃度を臨床の場で測定できる機器を取り扱っていたアボットとはじめの接触というのは，藤沢のほうで開発した微量定量法がはじまりですか。

小林：はい。

栗原：これを発表した後，アボットとどういう関係でスタートしたんですか。

小林：アボットから，多分，アプローチがあったと思いますね。

栗原：こういう発表を多分されたから。発表された後アボットのほうから，接触が。

小林：そう。彼らは，IMx[17] の前にやった方法は，FPIA（蛍光偏光免疫測定法）っていうアッセイ方法なんですよ。

栗原：アッセイというのは測定というふうに考えていいですよね。

小林：そう。濃度測定法です，アッセイ方法っていうのは。アボットが持ってたのは，FPIA。FPIA いうたら Fluorescence Polarization Immuno-Assay の略なんです。蛍光の fluorescence polarization，蛍光偏光。それで，彼らの FPIA でやったんでは，タクロリムスは FPIA アッセイ方法では検出感度が取れなかった。

栗原：できないんですね。

小林：それで，やっぱり僕らの抗体を使って EIA をやりたいということに話が進んでいったわけ。最初は FPIA で彼らはやりたいって言ったんですよ。やった結果，駄目。

栗原：検出感度が取れなかったんですね。

小林：ええ。

栗原：それで，小林さんの開発した方法でやりたいという話があったんです

---

17 アボット社の薬物血中濃度測定法のブランド名の 1 つで，正確には IMx TM (Trade Mark)。Microparticle Enzyme Immuno-assay Monitoring System の IMx と略す。

135

第3部　画期的新薬タクロリムスの創薬・開発と経営者

ね。

小林：そうです。

栗原：そうすると最終的には，病院には，1病院に1台ぐらいが入ったんで
　　　すね。

小林：そうです。

栗原：それまで病室にあって，小さいコンパクトですぐ血液で測定をやるっ
　　　ていうのとはちょっと違うんですね。

小林：それはないですね。

栗原：ある程度だから，病院の検査室にあるわけですね。

小林：そう，検査室です。

栗原：それで結局，どうなんでしょう，患者さんだと2日に1回ぐらいやる
　　　んですかね。一旦飲んでから，血中の濃度がどうなのかと。これだけ
　　　投与したら，血液濃度はこれだけ上がるっていうのが，大体ワンパ
　　　ターン取れれば。あとはコントロールできるわけですね。今でもそう
　　　すると，患者さんは病院に来て，移植終わって，しばらくやった後そ
　　　れでこれ見ながら投与量は決まりますから，もう自宅行ったらその投
　　　与量で飲んでいればいいわけですね。

小林：そうです。

栗原：やっぱり患者さんによってちょっと違うんですね，その体の反応が。

小林：そうですね。患者さんによって随分と体の反応が異なりますので，こ
　　　の微量血中濃度測定法によって，タクロリムスが臨床の場で使うこと
　　　ができるようになったと言っても過言でないと思います。

8.6. 積極的な研究開発資金の投下

〈1984年〜1994年頃〉

　当時の研究開発資金の内，どれくらいの金額がタクロリムスに投下された
のか，正確には資料確認できていないが，発酵グループは，久方ぶりの新物
質発見ということもあり，研究部隊の最高責任者であった今中や，筑波の探
索研究所長であった青木は，ともに発酵を強く牽引してきた人物でもあった
ことから，何としてもこれをものにしたいという強い思いを有していたと思

われる。したがって，まだどうなるかわからないタクロリムスに対して，経営として許される範囲での大胆な研究開発資金をつぎ込むことを承認している。それは研究の後藤や，開発の西山のインタビューから読み解くことができる。

後藤氏のインタビューによれば，次の通りである。

後藤：動物実験（イヌで移植手術をした後に，タクロリムスを投与しその免疫抑制効果を判定）をすることになったが，当時研究先の大学からは，「僕らは人のには慣れているけれども，イヌには慣れてないから人間と同じ条件の手術室をつくってくれたらやりましょう」って言われたわけ。それで筑波の，山口さんのとこに行って，これこれなんですけれど，部屋を2つぐらい空けてくれって言ってさ。

栗原：動物用実験室を。

後藤：実験室っていうか手術室つくって，人の手術台だよ。人の手術台と，それから実験器具も全部人用のもの。

栗原：先生方が本当手術する時の，あの手術室のようなものを再現したわけですね。

後藤：そう。メスから何から。着るものから何から。そしたらさ，1億何千万もかかっちゃってさ，また血統書付のイヌは一頭30万円だからな，100頭やったら3000万。但し3000万で大体ワンクールだよな。

また西山氏は，インタビューで下記のように語っている。

栗原：この中で両社（藤沢と共同研究契約を結んでいたX社）との開発をしていく上での争点となったことは何ですか。

西山：開発経費のかけかたの違いだと思う。すなわちX社は初期の動物実験結果から，できる限り開発経費をかけずに，早く中止し，デリバティブ[18]を探そうというスタンスであった。

西山：当方としては，冗談ではない，やるなら一気呵成に徹底的にやって，まず臨床に持っていきたい。そのためにはどのように進めていくかを議論すべきである，という考え方であった。

---

18 タクロリムスの化学構造式から派生した周辺化合物のこと。

第3部　画期的新薬タクロリムスの創薬・開発と経営者

栗原：西山さんのタクロリムスを強く押していく信念は何だったのですか？

西山：効いているということがすべてであった。これだけ強いものはない。
　　　10のマイナス7～8乗。X社の窓口担当者もこの効き目はわかってい
　　　たが，初期の動物実験結果（効き目と副作用）との兼ね合いであった。
　　　私も開発の専門家として動物実験結果（効き目と副作用）との兼ね合
　　　いはわかっていた。移植の臨床を進めていく中で，この兼ね合いやバ
　　　ランスを取っていくという考え方だった。経費のかけ方については，
　　　今中さんや青木さんは理解があった

西山：タクロリムスに関してどうか，と言われれば，開発には思った以上に
　　　金がかかったが，それを経営陣が認めて出してくれたということであ
　　　る。金を出し続けたことである。

　このような一旦ものが動き出したら多額の予算を躊躇なく投下するという
藤沢の経営者における特徴は，第6章にて取り上げた1960年のNRDCとの
セファロスポリン開発権獲得交渉をはじめ，これを加速させるための社内の
研究体制つくりも進めた3代目社長早川にも見られる。研究はおそらくセ
ファロスポリンCを修飾する新化合物の合成が中心になるだろうというこ
とから，米国留学から帰ってきたばかりの中央研究所の中野（合成担当課
長）が研究グループの責任者に選ばれる。だがはじめは研究陣の総力を挙げ
て取り組むという体制ではなく，研究所の一室の5～6人ばかりのごく小ぢ
んまりしたグループからのスタートであった。しかし早川は「君に全部任
す。金はいくら使ってもかまへん」と，中野に言ったという。この時の経営
者の研究開発への関わり方（研究資金）は，タクロリムス開発における状況
と酷似している。

　医薬品の研究開発の本質を理解している経営者は重要な局面において，事
業採算ベースの事実的判断でなく，価値的判断を行う傾向にある。これは特
に研究開発資金投入時顕在化し，セファメジン，タクロリムスの事例におい
ても，経営者は直接，価値的判断を行っている。

138

8.7. 非公式組織の役割

〈1983 年〜1993 年頃〉

　タクロリムスの研究から開発の過程においては，正式な組織やプロジェクト方式に加えて，同期生のネットワークや同じ寮にいた同僚同士のネットワーク等といった非公式組織の役割も大きかった。

　創薬でタクロリムスという天然物が発見されるまでも大変であったが，それ以降の開発期間の約 10 年も，これはこれで大変な苦労であった。開発をやるにしてもそのデータを提供するのは研究所でもあり，彼らの協力がなかったら不可能であった。

　ここでは非公式組織の仲間同士がお互い協力し合う場面が多く存在し，同時に研究本部長や経営者はこれらを全く以て問題視せず「どんどんやれ」の姿勢であった。藤沢の全体的な組織風土は，どちらかといえばボトムアップであったために，非公式組織がうまく機能したと思われる。

　タクロリムスの製品開発について中心的な役割りを果たした西山氏は，インタビューで下記の通り述べている。

　西山：そう。製品開発をいくらやるたって，そのデータを出してくれるのはやっぱり研究所だからね。それは当時の PJ メンバーの小原さんとか，藤津さんとかね。

　栗原：小原さん，藤津さんね。

　西山：彼らの協力なしに絶対できなかった。製剤にしても安村さんだし。そういう連中が，たとえば血中濃度を測定する方法およびその実施について，小林浩一さんや田村康一さんが一生懸命やってくれなかったら，もう無理だったしね。

　栗原：西山さんの同期が大きく関係しているんですね。

　西山：あるよ。同期のほか，寮の仲間だとかね。もちろん，それはすごく大きいよ。

　栗原：これが大きかったんですね。

　西山：だから，こういう人達がいたからできたんだ。

第 3 部　画期的新薬タクロリムスの創薬・開発と経営者

8.8. スターツル教授との出会いと継続的なサンプル提供

〈1986 年 8 月頃〉

　藤沢は，スターツル教授と出会うことにより，その後のタクロリムスの海外での臨床治験を大きく進展させる。このスターツル教授との出会いがなければ，タクロリムスは製品化されなかった可能性が大きい。

　それほどこのタクロリムスにとって，また藤沢にとってスターツル教授との出会いは大きな意味を持った。運命といえば運命であるが，ヘルシンキでの落合講師の学会発表を聞き，スターツル教授はすぐに今中（研究開発本部長）にサンプルの提供を申し出る。

　今中は共同研究契約関係にあった A 社の了解を取り付け，サンプルの継続的提供をはじめる。藤沢は，免疫の世界的権威である B 教授ではなく，スターツル教授に賭けたのである。4 代目社長藤澤は，今中を信頼し，スターツル教授へのサンプル提供を承認する。価値的判断の一例である。

　藤沢薬品社史によれば，ヘルシンキでの国際学会直後，同学会を終え来日中であったスターツル教授ならびに同じくピッツバーグ大学の藤堂省助教授から藤沢に接触があった。これに今中が面会し「タクロリムスの試験を自分の責任で行いたいので継続的にサンプルを提供してほしい」との申し入れを受けた。評価用のサンプルにより，タクロリムスの効果についてはある程度の感触を得た上での要請であった。当時，国内における臓器移植は腎臓移植（生体間）が若干行われている程度で，臓器移植を対象とする免疫抑制剤の開発を国内で進めることは難しく，臓器移植が進んでいる欧米で開発を進める必要があると考えていた矢先のことである。

　すでに肝臓移植で有名であったスターツル教授からの申し入れであり，藤沢は教授の意向を快諾する。その後，ピッツバーグ大学では藤堂助教授が中心となって，ラット，イヌ，ヒヒでの移植試験を行い，薬理作用や安全性など詳細な検討が進められた。動物種差はあったものの，いずれの動物種においてもタクロリムスの有用性が確認された。これらの結果は翌 1987 年 6 月にスウェーデンで開催された第 3 回欧州移植学会のタクロリムス・サテライト・シンポジウムにおいて発表された。本シンポジウムにおいては，落合講

140

第8章　プロジェクトの始動と課題克服

師らによるイヌの腎移植の成績も発表された。これらの研究成果報告により，タクロリムスの有用性は一躍国際的な脚光を浴びるに至った。

スタツール教授とはいったいどのような人物なのか，1990年9月30日号の *The New York Times* にベイリー・ウエルス氏が寄稿している。これによれば，

「T. E. スタツールは，アイオワ州の小さな町に生まれた。＜中略＞1952年ノースウェスタン大学医学部で神経生理学の医学と薬学博士を同時に受け，1959年講師として彼はここでの一生の仕事を決めた。移植を選んだ主な理由は他の人がそれを無益なことと考えていたからだと彼は言う。専門分野としてスタツールは腎臓と肝臓を選んだ。＜中略＞

　イヌで数百の肝臓移植実験をしてから，スタツールは1963年ヒトで最初の移植をした。移植を受けたのは3才の男の子であったが，手術テーブルの上で出血し死んでしまった。2カ月後，医学新聞，雑誌での激しい非難にもかかわらず，スタツールは47才の管理人に移植手術をした。この男の人は22日間生きた。＜中略＞スタツールは，肝臓が体外で生存できる時間を4時間から10時間に延長するような防腐溶液を開発した。この結果，器官を都市間で移動することが可能になった。しかしいつものように明確な挑戦は免疫学にあった。何とかして，T細胞を抑えることが必要であった。その際，身体の他の防御を危険にさらしてはいけない。すなわちAIDSのような状態を引き起こしてはいけないのである。＜中略＞

　強い抗がん剤，アザチオプリンも使われたが長期に使われているうちに効果がないことが証明された（拒絶の脅威がいつもあるので，移植患者は生きている限り免疫抑制剤を服用しなければならない）。スタツールがコロラド大学からピッツバーグ大学に着任する前の年の1980年までは移植患者の生存率は芳しくなく，スタツールは今後特効力のある薬が現れなければ，移植という医療は消えて無くなりそうだと断定していた。」

とのことであった。さらにベイリー・ウエルス氏は続ける。

「シクロスポリンはこの分野をこれまで以上に蘇生させた。＜中略＞主

141

にT細胞を抑制する最初の免疫抑制剤であった。すなわち身体の他の防衛機能を破壊しなかった。しかしながら，初期の試験は糖尿病，痛風，神経毒性，腫瘍等，驚くべき複合的な合併症を示した。臨床的観点からこれらの中で最も悪いのは腎毒性であった。この薬を投与された患者の80%までが腎毒性を発生させ，多くのものは再手術を必要とした。初期の臨床試験ではあまりに毒性が強かったのでこの薬は失われてしまうかに思われた。この薬が標準治療薬になったのはスタールがステロイドで補足し投与量をより低いレベルにし受け入れられるようにして投与された時である。＜中略＞1980年代の終わり頃，同じような救済努力がタクロリムスにも必要であった。英国の有名な移植医ロイ・カーン医師はこの薬をイヌに投与し，これは動脈を著しく弱め動物を殺してしまうと断定した。ヒヒでの他の試験でも同様にがっかりするような結果であった。しかし，スタールはピッツバーグ大学医学部で全力の研究開発努力で応えた。普通はそのような努力は製薬会社によってなされまた費用も支払われるが，彼はすべての経済的利害関係も放棄し，代わりに薬の試験に関する独占的支配を求めて受けた。医学部はこの花形研究者を年間800万ドルで支援してきた。スタールはすぐにチームを組織し，マウス，ラット，ブタとヒヒで数百の追加試験をし，最終的に，「ロイ・カーンのイヌの研究は少なくとも曖昧で，薬の進展を止めてはならないこと」を指摘した。FDA，藤沢と緊密に協力して，スタールのグループはヒトでの試験を正当化せざるを得ないような根拠をつくった。」

また，スタール自身の著作『ゼロからの出発』（1992）「無名の医薬品」，355-363頁の中に，以下の記述がある。

「1986年春，私は品名FR900506という免疫抑制剤のうわさを聞いた。藤沢薬品工業が筑波に設立した探索研究所の研究員がそれを発見したという。彼らのプロジェクトは，当初は抗癌または拒絶反応抑制物質を求めて，土壌中の天然物を組織的にふるい分けることだった。＜中略＞

　筑波山麓の土壌中の放線菌（特殊な微生物）の発見だった。試験過程でこの菌は，免疫反応を抑制する物質を産生した。物質はまだ科学文献

に紹介されておらず実験は藤沢薬品工業研究所でしか行われていなかった。1986年夏，隔年ごとの国際移植学会出席のため，私がヘルシンキへ行くまで，薬品のことはそのままになっていた。学会ではせいぜい40〜50人の小さな集会のプログラムにFR900506という変わった題名の論文が提出されていた。東京に近い千葉大学の落合武徳という若い日本人外科医が発表する予定だった。参加者であふれんばかりの大講堂では，シクロスポリン使用の腎臓移植の進歩や問題が討議されていた。別の大集会では，シクロスポリンのすばらしい効果が激賞されたが，限界も注目された。1980年以来指摘されている最悪の副作用は腎毒性である。シクロスポリンは，腎臓移植の拒絶反応を抑えると同時に，腎障害を発生させる。肝臓や心臓などのレシピエントも，類似の腎臓障害を受けると報告されていた。さらに，多量のシクロスポリン投与は高血圧，多毛，歯茎の腫れ，振顫（筋肉の震え）を併発させた。シクロスポリンの投与量を減らせば，こういう副作用は抑えられたが，今度は拒絶反応の危険が強まった。完全主義者である移植外科医たちは，FR900506のほうが限界安全率が高いだろうかと考えた。ケンブリッジのロイ・カーンも落合の論文を待つ1人だった。私も待っていた。＜中略＞

　落合は，まずFR900506の作用の性質とメカニズムを短く説明した。ついで少数のラットに心臓移植を施した結果を報告した。見事なまでに安全かつ確実に拒絶反応を阻止することができた。発表後の討論会で，カーンが，先日ファイソンズ社から提供されたその薬品（タクロリムス）をテストしたと告げた。ファイソンズ社はイギリスの製薬会社で，藤沢薬品と共同研究契約を結んでいることから，薬品を入手したのである。イヌの激しい嘔吐の原因となる毒性が心配だ，とカーンは言った。それから数カ月後，薬品の欠陥に対するロイ・カーンの不信はさらに強まった。だが，私は薬品の性質に期待できる。捨てるのは惜しいと思った。意見の相違はこれから3年以上つづいた。藤沢薬品とファイソンズ社の共同研究契約があるので，私たちは通常のルートで試験用医薬品を入手することができない。数週間後，藤堂と私は日本へ飛んだ。1日目に名古屋で藤沢薬品の重役に会って実験研究計画を説明した。その結果，

第3部　画期的新薬タクロリムスの創薬・開発と経営者

　FR900506の開発担当重役である今中宏はロンドンへ飛び，ファイソンズ社の役員たちと会議を開いた。＜中略＞

　その後，私たちは日本で，藤沢薬品のロンドン交渉の報告を待っていた。一週間後にようやく今中博士がイギリスから帰国した。福岡のホテルのロビーで藤沢・ファイソンズ交渉の決議を聞いた。会話はゆっくりと進行した。最後にようやくFR900506を約100分の1オンスもらった。ごく小さなシンブル（指ぬきの一種）の底一杯分の量だった。

　これらをもとに，ピッツバーグのアドリアナ・ジービと他の細胞免疫学者たちは組織培養実験で薬品をテストした。1か月足らずで，さらにテスト用の薬品が藤沢薬品から送られてきた。ラット，イヌ，サル，ヒヒを使って移植実験が次々と実施された。毎週月曜日の夜に研究会議が開かれ，はじめのうちは8人から10人が参加した。1986年末になると会議室に入りきれないほど人が集まるようになり，やがて100人近くにふくれ上がった。組織培養実験報告では村瀬紀子という小児外科医が行うラットの移植実験の解析，藤堂のイヌ移植実験の成績などを全員熱心に心待ちした。新しい情報のひとひらひとひらが興奮の渦をまいた。薬品はシクロスポリンより強力であり，心配されるほどの毒性は認められなかった。

　これが最後のすばらしい科学発見となるかもしれないのだが，道は簡単ではなかった。＜中略＞カーンの研究所から知らせが届き，私たちの楽観主義は手痛く打ちのめされた。FR900506は，前年の1986年夏のヘルシンキで述べたイヌだけでなく，ラットとヒヒの実験でも毒性が強くて使えないことがわかったという。この所見の要約は1987年6月スウェーデンのゲーテンブルグで開かれる欧州移植学会（ESOT）事務局へ送られた。この報告で，望ましい薬品の開発が抹殺されるのを心配した私は，正式会議の1日前の午後，移植外科医カール・グロート（ストックホルム），ハンス・ブリンガー（ゲーテンブルグ），ウオルターランド（ミュンヘン）とシンポジウムを開いて，FR900506に関する全面的な情報交換を行うことにした。この薬品（タクロリムス）に関する論文はまだ1つも出ていないから，これは異例のステップだった。研究は

基本的に4つのセンターで行われていた。藤沢薬品研究所（筑波と大阪），千葉大学，ケンブリッジ大学（イギリス）とピッツバーグ大学である。ゲーテンブルグシンポジウムは104ページの『移植会報』別冊として出版された。そのうち46頁をピッツバーグ関係者が執筆した。記事を読んだ人は，とくにゲーテンブルグ会議に出席した人は，それぞれの研究者がほんとうに同じ薬品（タクロリムス）を研究しているのかと不審に思ったに違いない。それほど意見の差が大きかった。ケンブリッジ報告は陰惨であり，ピッツバーグのは楽観的，千葉大学のはどっちつかずだった。」

今回インタビューした小林氏は当時この学会に参加しており，その時の「移植会報」を保有していたため，インタビュー当日，持参いただき，お借りした。一次資料としては，貴重なものである。

第9章　新薬タクロリムス製造承認，販売

9.1. タクロリムスの開発候補品としての承認

〈1987 年 3 月〉

　ヘルシンキ国際移植学会での落合講師発表から 1 年を経て，1987 年 3 月 SC が開催され，タクロリムスの開発候補品としての承認が審議される。

　将来の自己免疫疾患への可能性があるとはいうものの，未知数的な要素が大きく，移植市場でピーク時売上はわずかであり，社内でも見方は分かれ，今後の投下費用を考えると中断ドロップという選択肢もあった。

　福元は，この時点では自社開発を明確にしていなかったが，事前の開発会議の結論を持って，国内と並行する海外同時開発を目的としたタクロリムスの開発候補品としての P0 提案を SC に上程した。先にも述べたが，この P0 とは，創薬研究の次の段階であり，P1 試験開始前の段階にあたる。つまり，承認申請を前提とした，P1 試験開始に必要な非臨床試験実施ステージのことである。

　この会議には，最終意思決定者である 4 代目社長藤澤，研究開発部門からは中野（研究担当専務），戸口（開発担当専務），今中（研究開発総本部長），青木（研究開発総本部副本部長）が出席していた。他部門のトップマネジメントからは一部否定的な意見も出されたが，藤澤友吉郎および研究開発部門のトップ今中，青木は強いリーダーシップで次の段階に進めることを決定する。本研究のテーマのであるトップマネジメントの役割とは何かを考えさせられる。

147

第3部　画期的新薬タクロリムスの創薬・開発と経営者

　事業採算性等を中心に判断する事実的判断であれば，おそらくタクロリムスのP0承認は難しかったと推測される。特に日本国内における市場性が極めて限られていることおよび動物実験（イヌ）の結果等からここへの投入資源を他の研究テーマに振り分ける選択肢があったからである。ここは経営者の価値的判断の典型例である。

　タクロリムスのプロジェクトチーム[1]では，タクロリムスの事業全体について，採算性評価を行っている。この時点ではA社との契約が生きており，これを前提に採算性の試算が行われた。すなわち藤沢として販売の権利のある日本のみでの移植領域の市場性評価であった。

　福元によれば，日本は海外と比べて移植件数が極端に少なく，死生観と宗教の観点から将来も海外のような死体からの臓器提供は増加しないと予測された。また，移植に使用されるステロイドやアザチオプリンの薬価は低薬価であった。それでもタクロリムスのような新規の画期的な免疫抑制剤の薬価は高いはずだと仮定し，日本で実施される移植患者すべてに投与されるとして試算しても日本の移植市場では，わずかな売上にしかならないとの結果であった。

　この採算性評価の前提条件として，このように高価な薬剤は，手術後6カ月の期間のみ投与され，それ以降，患者は安価なステロイドとアザチオプリンで維持されるとの想定であった。しかし，実際には一度処方された免疫抑制剤は余程のことがない限り患者が服用し続けるので，新しい患者への処方組み込みさえ達成すれば移植市場は年々累積されるという，極めて特殊な市場であったことは当初の想定外であった。さらには，タクロリムスはその後日本で新たに導入された「画期的新薬第一号」として薬価登録されることも，その時点では織り込まれてはいない。

　したがって本研究におけるインタビューで，福元氏は当時のプロジェクトの責任者として「採算性に関しては，国内では移植市場は小さいが，将来のリウマチを含む自己免疫疾患への市場の広がりと海外のA社からのロイヤルティが期待できる」とトップマネジメントに答申したと語っている。近年

1　1985年3月タクロリムスのシード承認後，P0提案に至るまでの約2年間のプロジェクト。

148

R＆Dの生産性評価にあたり各プロジェクトの採算性評価の手法がいろいろと開発され，開発プロジェクトの絞り込みで種々活用されている。しかし，欧米も含めた市場性評価にあたり，ゾロ新薬[2]のような Best in Class[3] のプロジェクト評価は競合品との対比において比較的容易ではあるが，タクロリムスのような画期的新薬や First in Class[4] のプロジェクトの場合は，そのポテンシャル評価にモンテカルロ分析での市場性の確率に触れ幅が大きく，その平均値は必ずしもプロジェクト全体の価値を十分反映し得ない。したがってプロジェクトの優先順位や採算性を議論する場合，種類の異なるプロジェクトを同一指標で評価する場合はこのことに十分配慮する必要がある。

　せっかく社内の研究で芽生えた画期的な開発のシードを，開発の難易度や市場性評価だけで開発の初期段階で切り捨ててしまうリスクが存在するのである。筆者は，今回のタクロリムスの事例は今後の新規医薬品開発プロジェクトの採算性について参考になるものと考える。

　福元氏はインタビューで，タクロリムスの場合もそうであるが，その他の事例として，武田薬品では Du Pont が Losartan（Angiotensin -2 桔抗剤）発表より数年前から他社に先駆けて研究に着手し，諦めずに研究を継続していたことがカンデサルタンの創出につながり，Pioglitazone（PPAR-γ Agonist）も提携会社 Upjohn が開発断念した後も単独で開発を継続したことが，米国でのアクトスの発売につながっている，こと等を挙げている。

　1987 年初頭においては，A 社との共同研究契約がまだ生きているため，タクロリムスの欧米での販売の権利は A 社が有しており，藤沢はメインの移植領域においても極めて限定された日本の市場のみが対象となっていた。将来の自己免疫疾患というものの，未知数的な要素が大きく，また移植市場でピーク時でも売上はわずかという試算に対して社内でも見方は分かれた。すなわちタクロリムスは藤沢社内でも本剤の価値に関して賛否両論があり，

2　新医薬品の中で，既存の医薬品の有効成分と同一の薬効，適応症でありながら，化学構造が異なっている医薬品を改良型新医薬品といい，業界用語で「ゾロ新」と呼ばれている。
3　ある疾患に対する医薬品の中で，新規の作用機序を有するわけではないが，既存の標的・作用機序に新たな価値を付与することで他の既存薬に対して明確な優位性を持つ薬を指す。
4　画期的医薬品（ファースト・イン・クラス）は，特に新規性・有用性が高く，従来の治療体系を大幅に変えるような独創的医薬品をいう。

第 3 部　画期的新薬タクロリムスの創薬・開発と経営者

会社としての最高意思決定会議である SC における P0 正式承認の前に，1987 年 3 月，大阪加島（研究所）における製品開発会議にて事前討議されている。この会議は異例なことに研究所の 8 階ホールで多くの出席者のもとに行われた。福元はそれまでの安全性情報や開発上の課題，A 社や B 教授の評価と見解を包み隠さず紹介した後，移植領域の医療ニーズの高さとともに，ヒヒでの安全性毒性試験で安全域の確認と合わせて，国内と並行する海外同時開発（ただしこの時点では自社開発を明確にしていない）を目的とした P0 提案を行った。この会議では提案どおり P0 提案が了承され，その後前述の通り経営会議（SC）で P0 提案が正式に承認された。P0 の評価のための経費が計上されたが，その約 3 分の 2 の経費は発酵由来化合物特有のサンプル調達のための経費であった。

　タクロリムスはこの SC の後ピッツバーグ大学のサルでの薬理評価を経て，1989 年 2 月 28 日，ピッツバーグ大学に於いてはじめて肝臓移植患者に SDF 製剤[5] が投与され，ヒトでの有効性が確認された。その後藤沢での組織変更により P0 承認以降のタクロリムスの開発コーディネーションは西山に引き継がれた。福元はインタビューの中で「タクロリムス発売 10 周年記念時，当時のタクロリムスプロジェクトチームの同窓会が約 7 年振りに開催され，いろいろな昔話に花を咲かせていた時に，プロジェクトメンバーの 1 人からタクロリムスの P0 提案は絶対にパスしないと思っていたが，あれよあれよという間に P0 提案が承認されたのは，今考えても不思議でならないとの発言があった」と話した。

　そして最後に福元は「自分自身はもちろんのこと，当時のプロジェクトのメンバーも，会議に参加した R & D の出席者も，さらには当時の経営トップも，タクロリムスの不思議な魅力に取りつかれて，成功の確率を度外視してプロジェクトチームの勇気ある提案に賭けて頂いたものと思われる」と語った。

　タクロリムスの開発候補品としての承認（P0 承認）は，1985 年 3 月 15 日に青木のシード提案（第 22 回 SC）承認を受けてから約 2 年後のことであ

5　Solid Dispersion Formulation の略。固体分散製剤のこと。

150

第9章　新薬タクロリムス製造承認，販売

る。当時の研究開発総本部長は今中である。当日何が語られ，どのような議論が行われたのか，藤澤，青木へ追加インタビュー（2015年7月上旬，メール含む）を行った。30年前のことゆえ，当時最高責任者の4代目社長藤澤は詳細内容の記憶は鮮明ではなかったが，R＆Dからの提案に対して肯定的に判断したとのことであった。また当時研究開発総本部副本部長であった青木も当日の鮮明な記憶は思い出せなかったものの，内容は下記の通りであった。

> 「当日のSCでは科学的な可能性，費用面からの実現性等の議論は確かにありましたが，研究からの提案に経営側から否定的な結論が出ることはほとんどありませんでした。その意味では研究の自由度の大きさ，経営側の度量の広さ（良い意味でのいい加減さ，とにかくやってみよう・それから考えてもよい）は藤沢の良き伝統だったかと思います。藤沢の特徴（良さ）は研究人への信頼，良い意味でのいい加減さ（所詮研究開発はやってみなければ分からない），研究に限らず（生産や営業等）現場への信頼は高かった。これは他社に比べて藤沢の圧倒的な強みであったと今では考えております。」

また当日この会議に出席していた福元（提案サイド）は，2015年7月上旬に行った追加インタビュー（メールを含む）で，科学的側面からのGo/Stopや，P0開発期間の経費の妥当性，成功時の市場性や特許状況の審査であり，当日は主としてなぜ共同研究契約先のA社が開発中止と言ってきたのかについて，包み隠さず紹介し納得を得られたと思っていると語っていた。

9.2. タクロリムスの海外自社開発・自社販売の意思決定
セファメジンで学んだ教訓と経営者のこだわり

〈1989年〜1990年頃〉

当時日本の製薬企業で自社単独で海外開発をしたメーカーはなく，大手製薬企業にライセンスを供与するか，もしくは共同開発を行うケースがほとんどであった。タクロリムスに関しては，当時移植におけるB教授からのネガティブな意見もあり，開発が順調に進む保証はなかった。加えて藤沢はそ

151

れまで免疫抑制剤について日本での開発の経験はなく，当然のことながら，日本と薬事制度の大きく異なる海外各国での開発申請業務の経験は皆無であった。市場性についても移植領域は日本では期待できず，海外ではシクロスポリンが一定の市場を形成しつつあったが，新製品として参入してどの程度になるのかは先が読めない状況であった。

一方ピッツバーグ大学のスタール教授は，タクロリムスについて積極的に動物実験も行い，良い感触を得ている。とはいうものの実際にFDAへの新薬申請業務となると，ピッツバーグ大学だけでのデータでは完全ではなく，他施設での臨床データが必要となる。臨床開発において最も重要なプロトコールの組み方を1つとっても，経験とノウハウが必要である。

西山自身もP2までは自社でやるとしてもP3以降はどこかにライセンスアウト（委託）すべきであると考えていた。しかしながらトップの最終結論は「移植時の拒絶反応の抑制を対象として，自社でグローバル開発をする」というものであった。さらに「海外での開発を先行して最終的には海外に子会社を設立し，自力で発売・販売していく。その後，順次自己免疫疾患に適応を拡大する」これが基本的な販売方針となった。

社内の慎重論（P2以降はライセンスアウトするべし）が多い中，4代目社長藤澤が，果敢に「タクロリムスの海外自社開発・自社販売」の最終決断を下した背景には，間違いなく経営者としてセファメジンの海外ライセンスから得た教訓があったものと思われる。経営者の価値的判断であった。

前述の通り，1987年3月SCにおいて，タクロリムスの開発候補品としての選択が承認された。これは今までの動物実験の結果を受けて，今後本格的にP0に進むことが承認されたことを意味する。1985年3月のSCで青木のシード提案が承認を受けて，福元が各部門横断のタクロリムスプロジェクトチームを編成し，具体的な活動をはじめてから約2年後のことである。この1カ月前，A社は，タクロリムスの共同研究から完全撤退[6]する。

---

6 1987年2月両社の会談でA社側から，「タクロリムスの協同研究契約に規定する一切の権利を放棄し，完全撤退する」旨の提案があり，それ以降，藤沢はタクロリムスの開発を独自で進めることになる。

タクロリムスの海外開発の中心的人物であった西山によれば，当時社内においては，タクロリムスの今後の海外開発をどうするのか，「自力で開発するのか」，それとも「海外のメーカーに導出するのか」というところで非常に議論があった。すなわち藤沢が単独で進めるにあたり，今後の海外開発をどうするのかは依然大きな争点であった。西山自身も P2 までは自社でやるとしても P3 以降はどこかにライセンスすべきであると考えていた。しかしながらトップの最終結論は，「移植時の拒絶反応の抑制を対象として，自社でグローバル開発をする」というものであった。さらに「海外での開発を先行して最終的には海外に子会社を設立し，自力で発売・販売していく。その後，順次自己免疫疾患に適応を拡大する」。これが基本的な開発・販売方針となった。移植という限定された領域とはいうものの，開発リスクのある薬剤を，しかも海外で自社開発するという意思決定に，社内の誰もが目をむいた。波荒い大海原に手漕きボートで繰り出すようなものである，と表現するものもいた。またこの時の社内の雰囲気といえば，いずれこのプロジェクトは潰れるであろうという冷ややかな見方も多かった。

　しかしながら当時の 4 代目社長藤澤は果敢に海外自社開発・自社販売を意思決定する。開発担当者の西山でさえ，海外自社販売について本気でやるとは信じていなかったと語っている。藤沢はその時点で海外にジョイント・ベンチャーをいくつか持っており，それらを通じてビジネスオペレーションをしていた。したがって西山としては，「最後までは自社では行かないだろう，せいぜい P2 までは自力で CRO[7] を使って進め，その後はジョイント・ベンチャーを使うかあるいはライセンスアウトでの販売方式であろう」と考えていた。

　この部分は極めて重要なので，西山氏のインタビュー内容と藤澤友吉郎氏のインタビュー内容を合わせて記述する。

　栗原：海外で自前で開発をすることはリスクがあったのではないか？　すなわちライセンスアウトしたらどうか？　このような可能性はあったと

───────────────
7　Contract Research Organization の略。開発業務受託機関のこと。製薬会社の委託を受け，医療機関に依頼し臨床試験など医薬品の開発業務を実施する団体・企業。

第3部　画期的新薬タクロリムスの創薬・開発と経営者

　　　　思うが。

西山：当然僕もそう思ったからその計画を出した。P2までやって，後はどこかに出すと。

栗原：自前で全部開発までやろうと最終意思決定したのは。

西山：藤澤さん，今中さんだろう。だからお前やれ，アメリカへ行けといわれた。

栗原：西山さんがP2までやって，後は海外にライセンスアウトするという案だったと思いますが，今中さんの考えはすべて自前でやる，ということでしたよね。

西山：Yes。

栗原：ここが経営者の役割になるのでしょうが，今中さんはなぜそのように考えたのでしょうか。

西山：それはやはり当時の社長である藤澤さんの，海外で藤沢の名前でやりたいという考えに負けたのではなかろうか。海外でセファメジンをライセンスアウトして藤沢の名前が残っていない。名前が残らないことに対するじくじたる思いがあったのではないか。常にスミスクライン（米国医薬品企業）だとかいろいろな会社の名前が出てきて。

栗原：藤澤さんの思いがあったのですね。

西山：たぶん藤澤さんの思いであると思う。

栗原：西山さんはP2くらいまでやってどこかに渡して，海外でその後の開発をやってもらおうと考えていた中で，全部自前でやるということを聞いた時に，どんな印象でしたか。

西山：僕は反対したよ。何もないんだもの，湾の中で停泊している漁船が湾の外の海原へ出てクジラを捕ってくるという話だから。

　上記西山氏へのインタビューの後，藤澤友吉郎氏へインタビューを試みた。以下に記す。

栗原：推測なんですけど，セファメジンをアメリカでスミスクラインにライセンスアウトしましたが，基本的に藤澤さんの思い，藤沢というブランドをグローバルに広げたいという思いがあったのではないかなというふうに思いますが。

154

第 9 章　新薬タクロリムス製造承認，販売

藤澤：セファメジンの導出というのは 1 つの経験だったから，あの時にはま
　　　だ今から考えれば，あれしかしょうがなかったのかなと思うけども，
　　　いろいろ教訓を得たわけですよ。

栗原：教訓を得たんですね。スミスクラインに導出したことから。

藤澤：この次ものを出す時には，自分たちの手でやろうということを，海外
　　　進出を自分たち自身で出て行こうということを，あの教訓から学んだ
　　　わけですね。あれをもっとうまくやっていれば，もっともっとその成
　　　果を自分たち自身が得たはずだと。ライセンスした先に大半が行って
　　　ですね，おこぼれをもらうような，ああいうような格好に結果的には
　　　なってしまったわけで，それでは海外に実際に出て行けないんじゃな
　　　いかということを，あれで十分学ばせてもらったわけです。

栗原：この時に藤澤さんの思いとしては，藤沢ブランドというものを世界に
　　　やっぱり広めたいという思いが強かったのでしょうか。

藤澤：ありましたね。海外に出て行こうというのは，早川元社長がはっきり
　　　言われておったけれども，早川元社長自身の時代では，やっぱりまだ
　　　実力が伴わんから，海外へというてもね。まだ，自分自身で行くには，
　　　とても企業としての力が足らんわということは，ご自身よくご存じ
　　　だったので，輸出でやろうということが，海外へ出ていくということ
　　　だったんですけども。それのもう 1 つの背景には，やっぱり日本の市
　　　場だけを見ていたんでは限られていると。それから先行き日本医薬品
　　　市場はやっぱり健康保険に深い関わりがあるから，結局は頭を抑えら
　　　れるだろうということで，ここでおってはいかんからというのは，み
　　　んなの共通認識だったんですね。むしろ早川元社長は会社の実力を考
　　　えて，当時は輸出しかしょうがないということだったんだと思います
　　　ね。だけど輸出だけやってみたのでは，あるいはライセンスを与えて
　　　やるのでは，あまり面白みがないなということを痛感したわけですよ。
　　　輸出でね，成功したんです。安全ではあるんですけれども，やっぱり
　　　自身でチャレンジしたいということだったと思います。

栗原：藤沢は大正，明治から戦前まで，満州を含めて東南アジア等に結構な
　　　拠点を持っていましたが，そういった海外展開を積極的に進めてやっ
　　　ていたのは，2 代目藤澤友吉の考えだったのでしょうね。

藤澤：中国（東北部）やアジアの国に展開したのはね，日本市場では先行す

第3部　画期的新薬タクロリムスの創薬・開発と経営者

　　　　る大手他社にがっちり押さえられていて、非常に窮屈に思って出て
　　　　行ったんだろうと思いますね。未開拓のほうへ出て行きたいというこ
　　　　とがあったんだと、私は思います。

栗原：あの時代に海外展開していた日本の企業はあまりないですよね。そう
　　　　すると、もともと2代目社長藤澤友吉の海外、ニューヨークへ行った
　　　　中での知見が影響しているのではないでしょうか

藤澤：それはあったと思いますね。

栗原：ありますね、グローバルで。

藤澤：あると思います。

栗原：そういう過去の藤沢の部分（早くからの海外進出）があって、3代目
　　　　早川三郎社長の時代になって輸出しながら力を蓄え、いずれは、とい
　　　　う考えが藤澤さんの中にはあった。

藤澤：流れとしては、やっぱりあったんでしょうね。それで、アステラスに
　　　　なってから資料[8]を見て、社内でね、こんなことが言われてたという
　　　　のはね、全然知らなかったですね。

栗原：当時の研究員やスタッフの方々にインタビューをしているんですけれ
　　　　ども、免疫亢進剤 FK156 の時には、抗がん剤や抗エイズ薬としての
　　　　期待もあり、皆がガーッと行ったのですが、免疫抑製剤タクロリムス
　　　　の時には、日本ではほとんど移植市場がなく、また海外自社開発の経
　　　　験がない中で、海外自社開発はどう考えても無理であると、これは開
　　　　発を進めていた西山さん自身、自分は製品の責任者として、藤沢が海
　　　　外での開発を自前でするということは、とても無理だろうと。した
　　　　がって動物実験と Phase 2 までは自前でやって、Phase 3 はライセン
　　　　スアウト（開発を向こうにお願いしよう）ということで考えていたと
　　　　ころ、今中さんから社長の藤澤さんの考えで自前でやるとことになっ
　　　　たと聞いて驚いたとのこと。

8　アステラス製薬(株)(2007)、記事内容は以下の通り。「タクロリムスの効果が動物実験で確認さ
　　れた後、1986年に開発ステージに上がってきても社内の冷たい視線は変わらなかった。日本で
　　は移植のマーケットは非常に小さいため、自ずと開発も欧米を対象として行わざるを得なかっ
　　た。しかし、当時の藤沢、というより国内製薬企業のどこもが自らの手で自社品を海外で開発
　　した経験は全くなかった。＜中略＞よもや自社品を自前でしかも薬事制度の大きく異なる欧米
　　で自社開発するというトップの英断に開発担当者は勿論、社内のだれもが目をむいた。＜中
　　略＞社内の雰囲気といえば、いずれこのプロジェクトは潰れるであろうという、冷ややかな見
　　方も多かった」。

156

藤澤：西山君はそう思ってたかもしらんね。今中さんもかなりその意見に近かったよ。Ｃ社に任そうかという考えがあったもん。

栗原：西山さんにインタビューしたところ，西山さんは少なくとも絶対に海外企業に任せないと，自社では無理だと。今中さんも多分そう思っていたのかもしれませんね。

藤澤：全面的に思ったかどうかは知らんが，そういう意見がかなりあり，今中さんは，開発はＣ社に任そうかという気は持ってたね。

栗原：あったんですね。

藤澤：そして，Ｃ社の人間にも接触してたと思う。

栗原：あ，そうですか。それで私は西山さんに，「なぜ自社開発・自社販売にしたんですか」と聞いた時に，西山さんは一言，「それは藤澤友吉郎さんのやっぱり思いがあったと思うから，もし今度会う時に，聞いてみたら」というふうにおっしゃったんですよ。タクロリムスの海外展開の分岐点でした。

藤澤：今中さんもだいぶ，やっぱりこれは大変やと。これはＣ社に任せたほうが成功の確率は高いんじゃないかと，内心思ってたんでしょうな。はっきり口には出さんかったけれども，あの言葉の端々にそういう感じはありましたよ。Ｃ社に実際，接触してたし。そういえば思い出すよ。私がもうＣ社にそういう口約束したんかって聞いたらね，「いや，それはしてません」と強硬に言うてたけどね。そこまで気があったと思いますね。

栗原：同時に社内も，まさか自分たちでこの海外の開発のノウハウがない中でやるなんていうことは，ほぼあり得ないと。製品開発責任者の西山さん自身もそのように考えていました。

藤澤：それがこういうことになってるんですね。

栗原：そうなんですよ。この時に，経営者としてのトップの英断に，社内の誰もが目をむいたと。ここのところなんですよ。

藤澤：その製品自体をどうしようかというのより，海外に自分たちで進出したいというのが先にあってね，その場面にはどうしても自社製品を持ちたいという順番になっていくわけですよ。自社製品ですから自分たちで開発しなければ自社の製品にならないと。ライセンスはもう懲りたと，こういうことですね。

第3部　画期的新薬タクロリムスの創薬・開発と経営者

栗原：ただ，この時にリスクもありますよね。それだけの資金も出て行く。

藤澤：そうです。リスクをね。

栗原：その時の挑戦というか，チャレンジ。

藤澤：リスクは確かにありますけれども，そんな成功するかせんかは，これはやってみないとわからんけれども。そのほかにリスク，何も備えなしにやっているかといえばそうではなくて，片方でライフォメッドの買収ということをやってますでしょ。それで，まあそこは非常に限られた中だけど，注射薬だけに限ってたけど，自前の製品もあり，後発品のこれはゾロですな。ジェネリックも持ってるし，それで何とか食いつないでる間に，片方で新薬，自前の新薬の開発をしようじゃないかという考えだったんですよ。そこら辺がちょっと視点が違うんですね。開発の人たちは自社の製品開発だけを見てるから，製品開発だけ見たら，あるいはリスクなんかを考えたら，任したほうが間違いがないかなということだったんでしょうな。そういう考え方はありますわな。

栗原：もう一段高い経営の視点からですね。

藤澤：失敗するか，失敗せんかわからんし。とにかく先行するシクロスポリンにより市場は形成されつつあった。

栗原：ええ，市場が形成されつつありました。

藤澤：それで人のデータからいうと，今回の我々の製品のほうがずっと効力が強いんだということがわかってるし，もう国内のことは全然頭になかったんですよ。シクロスポリンの市場の何分の1でも結構な市場があるじゃないかと考えたわけですね。

栗原：今でもタクロリムスは圧倒的に現在のアステラスの利益に寄与してるわけですけど。その時にもしC社にライセンスアウトしていたら，全く今の姿にはなっていなかったでしょうね。

藤澤：今から考えてみると，私の気質的なものはありますね。非常に楽観主義者。研究者というのは大体その楽観主義者でないと研究者にはなれないんですよ。先まで見て悲観的に考えていたのでは，研究者はできませんわね。何かできるか，できんかわからんようなことを，できるであろうと思ってやってる人たちばっかりですから，基本的に楽観主義者ばっかりだと思うんですよ。失敗することを恐れてね，研究して

158

る人は，そういう研究者はおらんと思うんです。私は研究者というのは，おしなべて楽観主義者ばっかりだと思いますね。その辺は根にあるものですからね。

栗原：それともう1つ，藤澤さんの中に自社，藤沢ブランドという，自前でやるという強い意識がセファメジンの時のライセンスアウトの経験則として，どこかに残っていたんですかね。

藤澤：ありました。それはありましたね。

栗原：それから，やっぱり早川元社長がその当時は，会社の体力的なこともあり，輸出で行かざるを得なかったけれど，いずれ世界で通用する製品を自前でやるという流れもあったのかもしれませんし。ここのところが本研究の最大のポイントなんですけど，もし経営者，藤澤さんがもしそこで関与していなければ，おそらくライセンスアウトしたと思うんですよ。

藤澤：ライセンスアウトしたでしょうね。

栗原：うむ。

藤澤：別れ道だったでしょうね。

9.3. 米国における肝移植へのタクロリムス投与第1号

〈1989年2月〉

これはタクロリムスの臨床開発にとって重要な局面なのでより詳細に記述する。1988年9月にピッツバーグ大学のスターツル教授は，タクロリムスのNon-commercial-IND[9]をFDA[10]に申請し，その許可を待って肝臓移植患者（肝臓移植を受け他剤が無効であった慢性肝拒絶患者）にはじめてタクロリムスを投与する。第1号の患者に投与されたのは1989年2月28日で患者は28歳の女性である。3回目の肝臓移植を受けたものの拒絶反応によって容態が悪化しており，藤沢サイドも当然固唾を飲んでアメリカからの情報を待っていた。

---

9 INDとはInvestigational New Drugの略。非商業的治験のこと。日本の治験届けに相当するCommercial-INDとは異なり，Non-commercial-INDは研究者が独自に提出する臨床治験届であり，米国においてはこの件数の方がCommercial-INDの件数よりも多い。

10 Food and Drug Administrationの略。米国食品医薬品局のこと。

当時，グローバル開発の担当であった西山は当日は日本にいたため，夜中の2時，3時（現地の昼間）とほとんど2時間おきぐらいに電話がかかってきて，近況報告が行われた。すると投与を開始してから2日ほどした時に西山に「クレアチニンの値が上がっていて腎障害が出てきた」という連絡が入る。西山はそれを聞いた時に，これでやはりこの薬も動物では副作用が出ないが，人間では出るのだな，と思ったとのこと。すなわち他剤（免疫抑制剤）も動物ではなかなか副作用が出なかったが，ヒトに投与すると腎毒性などいろいろ出てきた。特に腎毒性は他剤の場合，ヒトで一番問題となる副作用といわれているが，動物ではなかなか出にくかった。タクロリムスも動物試験では「腎毒性は他剤よりはるかに弱い」とのデータが得られていたが，この知らせを聞いた途端「やっぱり出たか」と西山は思った。その時主治医はピッツバーグ大学のスターツル教授で，彼が「他剤（免疫抑制剤）を切れ」という指示を出した。

西山は英語の聞き間違いだと思ったとのこと。すなわち通常，新規の薬と10年以上使いなれた薬が併用されている場合は，新規の薬をまず切っていくというのが臨床の場においては一般的なことであり，西山はてっきりそうするだろうと思っていた。

すると「とにかく他剤を切れ。タクロリムスを増量しろ」という指示が出された。結果的には，他剤を切って，ものの1日もしないうちにクレアチニンは下がりはじめ，結局1週間後のバイオプシーでは完全に正常化しているということになった。その後，2例目の患者からはタクロリムスの単独使用，やはり同じ0.3mg/kgが投与され，効果は出る，副作用は出ないということになって，この投与量のままで臨床試験が進められていった。

西山は，この後スターツル教授と話をし「なぜあの時他剤を切るように指示したのか」と質問すると，彼は「今はタクロリムスの試験をしているのだ。ここでタクロリムスを切ってしまったら，何をやっているかわからない。そのことは患者にも充分理解してもらっている。彼らも納得しているのだ。だから他剤を切った。もう1つはこれまで他剤を10数年使い続けた使用経験からして，患者に出ていた作用は間違いなく他剤の副作用であった」と語ったという。そのように確信をしていたので他剤を切ったのだ，とのこ

と。これが結果的に，いつのまにか 0.3mg/kg がタクロリムスの至適投与量になった。

9.4. ピッツバーグ大学（スターツル教授）での臨床治験開始

〈1989 年 2 月〉

　それまで海外での自社開発経験がない中で，スターツル教授からのサンプル申し入れに応じ，その後，スターツル教授による動物実験を経て FDA と連携のもと Non-commercial IND 申請へと進んでいく。スターツル教授を中心とするピッツバーグ大学の研究，治験の意味は藤沢にとってとてつもなく大きいものであった。

　当時，4 代目社長藤澤，研究開発総本部長の今中，国際開発本部長の青木とトップ 3 人は一丸となってスターツル教授との強い関わりを持った。前述したように，1989 年 2 月にタクロリムスはピッツバーグ大学で肝臓移植手術を受けた 28 歳のロビン・フォードという女性にはじめて投与され，それまでの副作用が消失した。

　タクロリムス開発におけるピッツバーグ大学の意義については，下記のように整理することができる。

①藤沢による治験の確度の高い水先案内人

　　Positive POC（proof of concept）study（有効性を示す概念実証実験）の利用→効率的開発および Compassionate use（未承認薬の人道的使用）の要求増加→コスト負担

　　すなわちこれは通常企業であればできないことを，研究者の資格のもと FDA 当局と連携しながら行い，利益は度外視ということで非常に広範囲なことができる。

②藤沢による臨床治験のアカデミアな支え

　　ピッツバーグ大学でこのようなデータが得られたことにより，科学的な治験方法として FDA 当局や日本の厚生省からも非常に大きな信頼が得られた。

③スピード開発

Innovative Therapy（革新的治療法）の早期解決→迅速な患者救済

米国 FDA のタクロリムス開発に対する姿勢をまとめた資料が存在し，これを見る限り FDA からも大きな信頼を得ていることが理解できる。すなわちそれまで海外での自社開発経験がない中で，スターツル教授からのサンプル申し入れに応じ，その後スターツル教授による動物実験を経て，FDA と連携のもと，Non-commercial IND 申請へと進んでいく。

福元氏は下記の通り述べている。

> 福元：西山さんが引き継いだ時に，スターツル先生がね，共同研究契約を結んで2年間は独占契約にしてほしい，その代わり費用は大学の予算でやると。藤沢は無償のサンプルを提供するだけでいいと。それをのんで。マウスの試験，ヒヒの試験，イヌの試験から全部，ものすごく精力的にやってくれた。
>
> 栗原：もう1回，落合先生がやったようなのも含めて。
>
> 福元：そうそう。だけど，落合先生のがヒントになって，これ行けると思ったんでしょうね。
>
> 栗原：それで，後は落合先生のやり方は別として，もう一度，最初から全部やったんですね。
>
> 福元：そう。これで行けると。
>
> 栗原：これは，だから臨床の前の段階なんですね。
>
> 福元：そう。それも自分で動物実験まで全部やって。
>
> 栗原：自分で全部，やっぱり，人にいく前にやりたいということで，それをピッツバーグでやったんですね。
>
> 福元：そうそう。その間に藤沢は，P1 に行く準備をしてるわけ。
>
> 栗原：ピッツバーグ大学以外のところがなかったというのは，こういう事由があるんですね。
>
> 福元：それとね，ヘルシンキの学会で落合先生が発表したら，当然ね，俺も俺もという人がいっぱい出てくるわけ。タクロリムスのサンプルはメーカーには出さない。大学には，5mg しか出さない。5mg では動物実験できない。in vitro しかできないというルールを決めた。

栗原：それはスターツル先生の意向もあって。じゃなくて。

福元：ではなくて，こっちの意向で。というのはコントロールが効かなくなると。ものすごい問い合わせが来た。僕はそのたびにサンプル送付に関して法務部に確認した。特許を勝手に出すなとかね。だけど勝手に特許を出した人がいたわけですよ，イタリアの大学とかの人がね。

栗原：自分たちが，そのサンプルを使って。

福元：サンプルを使って。抗アレルギー作用というのは，イタリアの大学の先生がね，in vitro の試験だけでね，この喘息領域，アレルギー領域の特許を出していたわけです。そんなのがいっぱいあった。そういうのはあったんだけど，スターツル先生が来て，いよいよ P2 を自分でやりたいということになった。その間はね，人に使わせないでほしいと。自分だけがやりたいと。

栗原：スターツル先生ですね。

福元：スターツル先生は自分のとこのデータだけでやる。

栗原：いわゆる製造承認が降りる前に，投与すること。

福元：大学の IND をするために，要するに，スポンサーが入らない。だけど，大学のエンジニアは，FDA の了解を取っているわけ。じゃあ，ピッツバーグの大学で臨床試験をすると。

栗原：はじめから患者さんでやったんですね。

福元：そうそう。患者さんでやるにあたっては，どうするんだと。そしたらね，ノーマル患者でやるのは駄目だと。じゃあ，患者さんで安全性だけを見なさいということになったわけ。安全性を見る時にはね，ルールがあって，毒性が出ると思われる量の，50 分の 1 から入れなさいとかいう話になるわけ。そしたら，スターツル先生はそんなん駄目だと。患者さんのメリットが何にもないということになって，何ミリ，何ミリってものすごい議論をして，藤沢にも問い合わせがきて，結局スターツル先生は従来の薬剤処方に加えてタクロリムスを使った。第 1 例というのがね，ロビンという 28 歳の女性です。この詳細は，直接西山さんがスターツル先生とやり取りをしています（内容は，9.3. にて前述）。

163

第3部　画期的新薬タクロリムスの創薬・開発と経営者

9.5. 海外での自社開発戦略（米国，欧州）と重要課題のまとめ

　藤沢は 1985 年 4 月に CRC-EU（Clinical Research Center Europa）をロンドンに設立，1987 年 10 月には同じく米国の開発拠点としてメリーランド事務所を設立する。タクロリムスの自社開発は，このヨーロッパと米国の 2 つの CRC を拠点として，CRO を使って開発していけばいいではないかというのがトップの決断であった。1986 年 8 月に第 11 回国際移植学会（ヘルシンキ）でタクロリムスをはじめて発表後，いろいろなところから共同研究の申し入れがあり，その中で，パートナーとしてピッツバーグ大学のスターツル教授と開発を進めることになる。

　国際移植学会（1986 年 8 月）以来，スターツル教授グループと共同で動物試験を重ねて，翌年の 1987 年 6 月には基礎データだけでタクロリムスのシンポジウム（第 3 回欧州移植学会，スウェーデン）を丸 1 日行った。その後 1989 年 3 月にピッツバーグ大学ではじめて患者への投与を行い，同年 10 月には進行中の臨床試験データを全部まとめ第 4 回欧州移植学会（1989 年，バルセロナ）にてタクロリムスシンポジウムを開催する。さらに，その 10 日後に一流医学雑誌『ランセット』に 10 例の詳細な症例報告がなされた。そして，1990 年に P3 の臨床試験がはじまると，翌 1991 年にピッツバーグにてタクロリムス国際会議を開催する。すなわち 87 年，89 年，91 年と 2 年おきにシンポジウムを開催したことになる。

　それまで製薬会社（特に藤沢）では，開発品に関する情報やデータは一定の目処がつくまで，できるだけ開示しないという考え方だったが，海外でやるには認知度があまりにも低いということで，今度は逆に徹底的にシンポジウムを開催して認知度を高める戦略に打って出た。そのようなプロセスを経て，「効きそうだ」ということになってくると，本格的に販売会社を設立する話が具体化し，P3 のステージに進んだ頃には「絶対に自社でやらなければならない」と変わってきた。そのため，フジサワ USA を 1990 年に設立し，それと同時に製剤工場の拠点であるフジサワ Ireland を設立している。また，1991 年にはヨーロッパの拠点であるフジサワ GmbH をミュンヘンに

第9章　新薬タクロリムス製造承認，販売

設立し，同時に原末の生産工場である富山工場を竣工させている。

　P3はこのピッツバーグ大学の試験結果を基にして，1990年から多施設における比較試験を米国と欧州でそれぞれ1試験ずつ行った。米国ではフジサワUSA，欧州はフジサワGmbHと欧米のフジサワの子会社が実施した。この時のR＆Dはそれぞれ約100名程度の部隊で，日本人のR＆D担当者はそれぞれ1名ずつであった。このような形態で海外開発を自社で行ったのは，日本の製薬会社では，藤沢がはじめてであった。

　タクロリムスの海外自社開発における重要課題について，今回西山氏にインタビューで確認した。

　西山によれば，P0における重要課題として一番のキーポイントは開発方針の決定で，どのように開発していくかということである。適応症をどうするか，自社でやっていくか導出でやっていくのか，国内優先か海外優先かということ。次に製剤化の検討であり，タクロリムスの場合は水には溶けない，吸収されないという非常にやっかいな物であり，吸収されないがためにいろいろな製剤を製剤研究所が試作してくれた。しかし，その中でも目的の条件を満たした製剤が現在発売されているSDF製剤である。すべての条件を満たしたベストなものではなかったが，ベターなものだということで最後まで押し通し開発する。

　さらに血中濃度の測定方法であった。タクロリムスは少量でよく効くため，当然投与量は非常に低くなる。したがって血中濃度測定がものすごく難しい。現在臨床で使われている濃度は，大体3〜5ng/mlのため，それを当時の測定限界のμg（マイクログラム）よりも少ない量であるng（ナノグラム）でオーダーということになると，RIA[11]法にも，ELISA[12]法にも引っかからない，どうやっても引っかからない。最後に唯一引っかかったのが，HPLC-MS（液クロ質量分析計）だけとのこと。しかし，HPLC-MSはベッドサイドモニタリング[13]にはなり得ず，そこでELISAの抗体を変えてさらに感度

---

11 Radio Immuno Assayの略。放射性同位元素を利用して，微量の抗原（例えば血中のホルモンなど）の量を測定する方法として最初に開発された，免疫学的検定法である。
12 Enzyme-Linked Immunosorbent Assayの略。試料中に含まれる抗体あるいは抗原の濃度を検出・定量する際に用いられる方法。
13 患者の1人ひとりのベッドのそばに置いて使用される医療機器であり，治療方針の決定や異常

165

第3部　画期的新薬タクロリムスの創薬・開発と経営者

を高めるための工夫をし，やっとベッドサイドモニタリングができるように
なった。さらにこれを自動測定できるようにキット化するためにはやはり専
門の会社と組まなければならないということで，結局アボット社と一緒にや
ることになる。この血中濃度測定のキット化というのは，ある意味において
大きな賭けであった。

　すなわち発売してから，あるいは承認を取ってからキット化していたので
は間に合わず，臨床試験がはじまる前からキットを開発しなければならない
のだ。このところは前述の通り，詳細を小林氏がインタビューの中で専門的
に語っている。それからP1，P2に入ると，その重要課題は，やはりヒト試
験をどうしたらよいかということになってくる。プロトコールと患者のマネ
ジメントが一番のキーになる。

　西山によれば，最初の投与量をどうするかということで，FDAと議論を
重ねた。それまでの動物試験では，タクロリムスと他剤を併用すると相乗効
果が出るといわれていた。患者でのプロトコールもこのタクロリムスと他剤
を併用して投与することでFDAとも合意し最初のプロトコールが完成し
た。

　投与量は実際に藤沢サイドがそれまでの薬理，安全性のデータやin vitro
のデータから計算し，大体3mg/kgが目標とする至適用量ではなかろうか，
ということで試験をはじめようと考えた。しかし，ちょうどその時のFDA
の審査担当が，オンコロジー（がん）部門に所属しており，「抗がん剤と同
じように最初は目標用量の10分の1，0.3mg/kgからはじめてほしい」とい
うことであった。したがって「最初の3人には0.3mg/kgで投与開始し，
PKと効果，副作用を見ながら投与量を段階的に3mg/kgまで徐々に上げて
いくこと」というプロトコールが指示された。

　移値の臨床試験には大きく分けて2種類の試験がある。1つは拒絶反応を
治療する時に用いるレスキュー・トライアル（治療効果）で，もう1つは移
植直後から投与して拒絶反応の発症を予防するプライマリー・トライアル
（予防効果）である。ピッツバーグ大学では，タクロリムスはプライマリー，

　の早期発見などに役立つ有益な情報を得ることができる。

166

予防投与でももちろん効果があるだろうということになり，移植直後から投与をはじめた。すると当然のことながら拒絶反応がなかなか起こりにくいという状況になり，そのまま1年が過ぎて約1000例以上の例数が集まったところでP3に移行した。肝臓移植でスタートしたが，その間に腎臓移植にも広げ，心臓移植も行い，いずれにも効果が優れているということがその後判明し，現在に至っている。

　西山によるとタクロリムスは，拒絶反応が少ないということと，グラフト・サバイバル（移植片の生着率）を向上させることから，特に患者のQOLの向上と医療費の抑制に大きく貢献した。すなわち，入院日数の減少，拒絶反応治療の費用抑制につながり患者の負担が大きく減ったのである。

　一方前述の如く免疫学においては，80年代はIL-2の阻害物質としかわかっていなかったメカニズムが，現在ではカルシニューリンが担う生理機能，シグナル伝達機能の解明，イムノフィリンなどというものが，タクロリムスによってかなり解明されたのである。

9.6. 日本での製造承認申請から承認

〈1993年4月〉

　藤沢では，1990年6月から京都大学を中心にタクロリムスの生体部分肝移植の臨床試験を開始した。1991年10月までに36例のうち24例にタクロリムスが投与され，肝移植後の拒絶反応に対する高い有用性が明らかとなり，他の施設でも本剤使用に対する要望が強くなってきた。前項で述べた京都大学での臨床試験結果を基に1991年12月に希少疾病用医薬品（「肝臓移植における拒絶反応の抑制」を適応症）としてタクロリムス（商品名プログラフ）の新薬製造承認申請を厚生省（現厚生労働省）に行った。その後1993年4月にタクロリムスの国内での製造承認がおりる。同時に非常に効果が優れていることで，薬価においては新制度による「画期性加算」がはじめて適用された。

167

第3部　画期的新薬タクロリムスの創薬・開発と経営者

9.7. 米国での承認，販売

〈1994 年 7 月〉

　海外においては，まず 1993 年 6 月にドイツでタクロリムスの新薬承認申請を行ったのに続き，翌 7 月には米国でフジサワ USA から，さらに 12 月に英国でも申請を行った。1994 年に入ってからは，2 月にフジサワ CAN（フジサワ USA の子会社）を通じてカナダで，さらにスペイン（2 月），イタリア（4 月），フランス（5 月）と順次新薬承認申請を行った。その後もオーストリア，ベルギー，オランダ，スイス，アイルランド，フィンランド，ノルウェー，スウェーデンと申請国を拡大していった。

　青木がフジサワ USA の社長をしていた時に，タクロリムスの申請が FDA に受理されたことを全従業員にアナウンスした際のレター（日付は 1994 年 7 月 23 日）を本人から提供いただいた。その 9 カ月後の 1994 年 4 月に FDA より製造・販売承認がおりる。タクロリムスが筑波山麓の土から発見されたのが 1984 年 3 月 22 日であるから，約 10 年の歳月が流れたことになる。タクロリムスが発見された当時，青木はまさにその筑波の探索研究所長であり，そのシードが 10 年後に自身の手で，しかも主戦場である米国で発売にこぎつけたことは，とても感慨深いものがあったのではと思う。

第4部

研究開発における経営者の役割

第10章　事例研究のまとめと分析

10.1. 事例研究結果の整理：価値的判断

　事例研究に基づき経営トップ（社長），研究本部長，研究マネジメントは価値的判断項目にどのように関わりあったのか，表10.1に整理した。ここから図中①〜⑨の各項目ごとの詳細について記述する。また，これは基本的

表10.1　価値的判断項目　結果の整理

	意思決定項目	経営者（社長）	研究本部長(役員)	研究マネジメント（管理職）
価値的判断項目	①経営哲学と経営戦略	直接	－	－
	②コア技術の蓄積と発展	直接	間接	－
	③研究指向領域と研究テーマの設定	直接	直接	間接
	④コア人材の確保と育成	直接	間接	－
	⑤研究予算の確保と継続的投下	直接	間接	－
	⑥自由な研究組織風土の醸成	間接	直接	間接
	⑦アカデミアとのネットワーク構築と活用	直接	直接	－
	⑧タクロリムスの開発候補品（P0：フェーズ0）としての承認	直接	直接	－
	⑨タクロリムスの海外自社開発・自社販売の意思決定	直接	－	－

注：－は非関与を意味する。
筆者作成

171

にインタビュー結果と一次資料に基づいたものであり，社史等の二次資料とは，一線を画すものである。

①経営哲学と経営戦略

「経営哲学」は，2代目社長藤澤の「日本はスイスと同じ資源のない国であり，医薬品の研究開発を通じて，日本再起へ貢献したい」という強い思いが，自社での研究開発重視の姿勢へとつながり，これが3代目社長早川に引き継がれ，さらに4代目社長藤澤に引き継がれていく。

「経営戦略」についても早川の「世界に通用する製品により海外市場へ果敢に挑戦する」という考え方がその後引き継がれる。セファメジンの海外展開については，当時の会社の体力上，輸出に頼るしかなかったが，そこで得た教訓は藤澤友吉郎に引き継がれ，タクロリムスの海外自社開発・自社販売へとつながっていく。インタビューの中で，藤澤は，自身でなければ，海外自社開発・自社販売はありえなかったであろうと述べている。戦後からのトップの経営哲学，経営戦略が連綿と引き継がれ，その判断が，タクロリムスの海外戦略の成功につながったといっても過言ではない。

②コア技術の蓄積と発展

ここでいうコア技術とは発酵技術を指す。研究陣の発酵へのこだわりについては，2代目社長藤澤までさかのぼるのである。藤澤友吉は微生物の医薬品への利用に強くこだわり，ペニシリンについても戦前から強い関心を持っていた。戦後ペニシリンの生産がピークを迎え下落傾向にあった時，ペニシリンメーカーの三洋化学（当時業界第2位）の買収に踏み切る。三洋化学は当時抗生物質のバルクも手がけており，ペニシリン以来の優秀な発酵研究者と技術陣を擁していた。ここで獲得した発酵技術は，その後の藤沢の研究開発方向を決定し，セファメジン，タクロリムスの開発へとつながっていく。

なぜそこまで2代目社長藤澤は天然物，発酵にこだわったのか，後述するが，藤澤友吉が関係を深めた東大農学部農芸化学科の有馬啓教授の影響を強く受けたのではないかと推測される。有馬教授の哲学とは「微生物に裏切られることはない。微生物の中には必ず何かが潜んでいるはずである」であった。

③研究指向領域と研究テーマの設定

当時の経営者は，研究の指向領域とテーマ設定にどのように関わったのか，ということであるが，セファメジンの成功により抗生物質への依存度が高まっている中で，トップは将来の技術予測を企画調査室に命じている。社長は早川，藤澤友吉郎は常務取締役研究開発担当である。技術予測では，近い将来，抗生物質は先細りとなり，今後の成長分野として循環器，がん，免疫，アレルギーを掲げている。

研究マネジメントであった青木や後藤は抗がん剤，免疫調整剤等（当時は免疫亢進）の必要性を説き，トップの合意形成がなされる。領域の直接の意思決定者は，専門性を有していた当時の研究本部長であるが，その決定にトップは間接的に関わり，免疫・アレルギー，循環器へと指向領域への舵が切られていく。その後，免疫亢進剤のFK156の発見とFK565の合成，さらにはFK565の米国での臨床試験からのドロップ（開発中止）を経て，免疫抑制剤へと指向領域をシフトさせていく。

免疫系の研究については，N-CWS等，免疫そのものを亢進することによって，がん細胞を叩くという考え方が比較的主流であったが，なぜ逆の免疫を抑制する製剤の探索に舵を切ったのか，経営者はここにどのような関わり方をしたのか。タクロリムスの研究開発において重要局面は多々存在したが，この免疫亢進から免疫抑制へと指向領域を変更した経緯は極めて重要なポイントである。FK565に関しては，青木の記憶によれば，米国での臨床のデータを調べたところナチュラルキラー細胞（がんに対するヒトの体の重要な防御機構の1つ）のレベルが，個人差が大きくFK565の作用を統計的有意性をもって示すことは困難だと思われるようになったこと，理論的考察から亢進は免疫系すべてのステップを活性化しないと臨床的効果は期待できないが，抑制ならワンステップを抑えれば全体の系を抑えることができると考えられた経緯があった。またこの時すでにシクロスポリンのことは知られておりその後の実用性の可能性もあった。

ちょうどこの時期，後藤は米国に留学し，海軍病院で免疫系の研究を行っている。海軍病院では移植の研究が進んでおり，シクロスポリンが移植でのゴールドスタンダードになっていた。後藤が帰国してトップから与えられた

第4部　研究開発における経営者の役割

テーマは，当初予定の高分子ではなく，低分子天然物であり，後藤は海外留学で見てきた免疫抑制に研究をシフトさせる。当時の青木，後藤，木野等の中心人物のオーラルヒストリーを通じて，このような経緯で免疫抑制剤に研究をシフトさせた経緯が明らかになった。また低分子天然物の探索を指示した今中は，有馬研究室に留学中，独自のアイデアで特殊培地下のみで生産される抗生物質を探索する系を構築し，ピロールニトリンを発見している。研究本部長および経営トップの研究指向領域に対する強い関わり方を見ることができるのである。

④コア人材の確保と育成

2代目社長藤澤は，ペニシリンをはじめとする微生物から製品をつくり出すことに強い関心を持ち，三洋化学を買収，これにより藤沢は発酵技術と優秀な人材を取り込む。特に発酵生産技術の鰺坂と発酵研究開発の今中の獲得はその後の藤沢の発酵部門の方向性を決定づけた。次に核となる青木他，発酵グループの人材は藤沢の中でどのように形成されていったのか。これについては東大農学部出身の酒井が大きな役割を果たしている。酒井を藤沢に招聘したのも2代目社長藤澤である。また4代目社長藤澤も発酵へのこだわりは強く，発酵人材の育成に努めた。

⑤研究予算の確保と継続的投下

まだ今後新薬になるかどうかわからないタクロリムスに対して，4代目社長藤澤，今中研究開発本部長，青木探索研究所長は，経営として許される範囲での大胆な研究開発資金をつぎ込むことを承認している。それは当時研究マネジメントであった後藤や，開発の西山のインタビューからも読み解くことができる。

⑥自由な研究組織風土の醸成

1983年4月に筑波において探索研究所が開設された。研究員の多くは旧発酵研究所のメンバーであり，生物科学・発酵・合成・理化学・シード導入の陣容で編成し，当初は筑波と加島に分駐した。筑波は新しい土地でもあり，また中央研究所がある大阪から離れていたこともあり，従来の規制にとらわれることなく，皆のびのびとした風土の中で，自由に研究をすることができた。探索研究所の筑波への移転について意思決定者は，4代目社長藤澤

とこの時の研究本部長であった中野であった。

⑦アカデミアとのネットワーク構築と活用

　筑波の研究責任者であった青木と千葉大学落合講師との出会いは，その後のタクロリムスの運命を決定するほど大きな出来事であった。落合による動物実験の結果は，1986年8月ヘルシンキで開催された第11回国際移植学会において発表された。これがタクロリムスがグローバルに認知された瞬間であった。癌制御研究会の2次会で偶然知り合った青木と落合，2人は癌制御研究会というアカデミアとのネットワークの中で，出会うべくして出会ったといっても過言ではない。

　また，藤沢はピッツバーグ大学スターツル教授と出会うことにより，その後のタクロリムスの海外での臨床治験を大きく進展させる。このスターツルとの出会いがなければタクロリムスは，製品化されなかった可能性が大きい。それほどこのタクロリムスにとって，また藤沢にとってスターツルとの出会いは大きな意味を持った。ヘルシンキでの落合の学会発表を聞き，スターツルはすぐに今中（研究開発本部長）にサンプルの提供を申し出る。4代目社長藤澤，今中研究開発本部長は担当の西山を介してスターツルとの関係を深めていく。

　以上のように，アカデミアとのネットワークには主に最新情報の獲得・研究開発力の向上，さらには製品化への貢献という側面と，人材の確保という2つの側面がある。前者は既述の通りであり，後者の人材の確保という点については，戦後2代目社長藤澤が東大農学部農芸化学科との関係を深めていった経緯が挙げられる。これらのネットワークは，優秀な発酵研究人材を藤沢に取り込むという点において大きく貢献した。

⑧タクロリムスの開発候補品（P0）としての承認

　1987年3月SCが開催され，タクロリムスの開発候補品としての承認が審議される。

　会議の席上では，将来の自己免疫疾患というものの未知数的な要素が大きく，移植市場でのピーク時売上はわずかであり，社内でも見方は分かれ，今後の投下費用を考えると中断ドロップという選択肢もあった。特にその前にFK565の開発が米国にて開発中止となっている経緯もある。

この会議には，最終意思決定者である藤澤（4代目社長），研究開発部門からは，中野（研究担当専務），戸口（開発担当専務），今中（研究開発総本部長），青木（研究開発総本部副本部長）が出席していた。他部門のトップマネジメントからは一部否定的な意見も出されたが，藤澤友吉郎および研究開発部門のトップ今中，青木は強いリーダーシップで次の段階に進めることを決定する。今回のテーマの1つでもあるトップマネジメントの研究開発における役割とは何かを考えさせられる。

⑨タクロリムスの海外自社開発・自社販売の意思決定

タクロリムスの開発まで，自社単独で海外開発をした日本の製薬企業はなかった。加えて市場性についても移植市場の領域は小さく，それまで日本での開発の経験はなく，また当然のことながら日本と薬事制度の大きく異なる海外各国での開発申請業務の経験は皆無であった。その一方でピッツバーグ大学のスタールツ教授はタクロリムスについて前向きに臨床治験を行っていたが，実際にFDAへの新薬申請業務となると，ピッツバーグ大学でのデータだけでは完全ではなく，他施設での臨床データが必要となった。臨床開発において最も重要なプロトコールの組み方1つ取っても，経験とノウハウが必要なのである。

西山自身もP2までは自社でやるとしてもP3以降はどこかにライセンスアウトすべきであると考えていた。しかしながら，トップの最終結論は「移植時の拒絶反応の抑制を対象として，自社でグローバル開発をする」というものであり，さらに「海外での開発を先行して最終的には海外に子会社を設立し，自力で発売・販売していく。その後順次自己免疫疾患に適応を拡大する」，これが基本的な開発・販売方針となった。このタクロリムスの海外自社開発，自社発売に関して，P2以降はライセンスアウトするべしとする社内の慎重論が多い中，4代目社長の藤澤が，果敢に海外自社開発，自社販売への最終決断を下した背景には，間違いなく経営者としてセファメジンの海外ライセンスから得た教訓があったものと思われる。これは事実的判断ではなく価値的判断である。ここでの社長の強い関与と意思決定は，その後のタクロリムスの方向を決定づけるとともに，多くのグローバルに通用する人材の育成に貢献した。

第10章　事例研究のまとめと分析

以上，価値的判断項目について藤沢の経営者はどのように関わったかを見てきたが，2代目社長藤澤はほとんどの項目に関わり，その路線はこの後50年近く藤沢の中で脈々と息づいていることがわかった。経営者は研究開発についてどう関わるべきかを考えた時に，後に出てくる事実的判断項目への関わりとは別に，中長期的に最低30～50年程度は，通用する価値的判断を行うことが真の経営者の役目と考える。まさに三品の『経営は十年にして成らず』（2005）なのである。

10.2. 事例研究結果の整理：事実的判断

次に，タクロリムスの研究開発プロセスにおける具体的事象に対し，経営トップはどのように関与したのか，インタビュー結果を図10.2に整理しながら見ていく。

①タクロリムスの発見

タクロリムスの発見は単なる偶然であったのか，もしくはスクリーニング体系確立後の必然といえるのか，それとも蓋然性であったのか，議論の分か

表 10.2 事実的判断項目　結果の整理

	意思決定項目	経営者（社長）	研究本部長（役員）	研究マネジメント（管理職）
事実的判断項目	①タクロリムスの発見（天然物の発見）	間接	間接	直接
	②タクロリムスのシード（Seed）承認	直接	間接	－
	③タクロリムスプロジェクトの始動（シード提案後からP0提案まで）	間接	間接	直接
	④初期における困難な事項が発生した複数のケースとその克服	間接	間接	直接
	⑤ピッツバーグ大学での臨床治験開始	直接	直接	間接

注：－は非関与を意味する。
筆者作成

177

第4部　研究開発における経営者の役割

れるところであるが，筆者は当時のトップが，筑波研究所における研究目標を一旦決まりかけた高分子化合物から，低分子化合物に変更したことと，またスクリーニング体系の確立が決め手であったと考えている。タクロリムス発見に関わる経営陣の関与について検証してみたい。

　研究指向領域を免疫に絞ったものの，一度はインターフェロンなどの高分子の探索も視野におき，研究方向が固まりつつあった時に，研究開発本部長今中が，高分子は他の事業部に任せ探索研究所はやはり低分子を目指すと，突然方針を変更したことが1つのポイントであった。後藤によれば今中は，高分子は他の事業部がやるからとのことであったが，今中は発酵での多くの経験から自らが最も得意としていた低分子であれば，何かいけると予感を持ったのではないだろうか（今中はすでに2011年に亡くなっていることから，これだけは残念ながら検証できない）。またこれを受けて青木，後藤，木野および若手研究員等は，スクリーニング体系の確立にそれぞれが持てる力を存分に発揮したと思われる。タクロリムスの発見それ自体は後藤，木野をはじめとする研究者によって発見されたが，そこにつながるトップの役割はとてつもなく大きかったと考えられる。

②タクロリムスのシード（Seed）承認

　シード提案とは，今後の新薬の種として先に進んでも良いかの提案であり，探索研究所長の青木が提案し，4代目社長である藤澤が承認している。青木をバックアップしたのは，上司である研究本部長の今中であった。議長である4代目社長藤澤は三洋化学買収直後から今中を知っており，またピロエース（水虫薬）の発見者でもある今中を絶対的に信頼していたためその今中が最も信頼する青木の提案を全面的に支援した。

③タクロリムスプロジェクトの始動：シード提案後からP0提案まで

　福元は，青木（探索研究所長）より「他剤よりも何十倍も強力な免疫抑制剤として，移植領域での薬剤として早期開発，発売を目指してほしい」との要請を受け，全社を横断するタクロリムスプロジェクトを始動させる。タクロリムスは発酵研究で創出された免疫亢進FK565と同様，その活性の強さ，化学構造の独創性などから既に社内では良きにつけ悪しきにつけ注目されていた。すなわち，FK565同様発酵由来なためそのユニーク性は認めるもの

178

の，発酵成分は薬になりにくいとの暗黙の了解があった。このような非科学的な議論や批判を排除するため，さらには開発情報を独占することで開発方針の独善を避けるために福元は，物性，代謝，製剤，薬理，開発，臨床の各部門の所長や部長に依頼し代表者を選抜してもらい，プロジェクトチームを立ち上げる。

その後，このプロジェクトが重要課題を解決することになるが，研究マネジメントや研究本部長は，これらのプロジェクトを積極的に支援し，社長をはじめとするトップマネジメントは，このプロジェクトチームの場づくりに関わった。

④初期における困難な事項が発生した複数のケースとその克服

ここでいう困難な事項とは，「経口剤の開発」「一般毒性と薬効評価」「血中濃度の測定」であった。経口剤は，福元が筑波の探索研の担当者に直接電話し，原因を確認，対応策を取り，結果として経口でも効果があるとの結論を得る。血中の濃度の測定は，社内に存在する技術を生かして小林が完成させる。

また，共同研究先でのイヌでの動物実験結果に社内では悲観的な空気が流れたが，プロジェクトメンバーからの意見であらためて藤沢で動物実験を進め，異なる肯定的な結果を出す。今回のインタビュー結果をみる限り，個々の案件についてはプロジェクトメンバーが中心となり課題解決を図ったが，節目節目では研究本部長や経営トップの耳に情報を入れており，彼らはこのプロジェクトを全面支援した。

⑤ピッツバーグ大学での臨床治験開始

それまで海外での自社開発経験がない中でスタツール教授からのサンプル申し入れに応じ，その後スタツール教授による動物実験を経て，FDAと連携のもと，Non-commercial IND申請へと進んでいく。9.3.にてすでに述べたが，このNon-commercial IND制度は日本にない制度で，米国特有なものである。

1989年2月にタクロリムスはピッツバーグ大学で肝臓移植手術を受けた28歳の女性にはじめて投与され，それまでの副作用を消失させた。スタツール教授を中心とするピッツバーグ大学の研究，治験の意味は藤沢にとっ

第 4 部　研究開発における経営者の役割

て，とてつもなく大きいものであった。当時 4 代目社長の藤澤，研究開発総本部長の今中，国際開発本部長の青木のトップ 3 人は一丸となってスターツル教授との関わりを強めていく。

10.3. 事例研究結果の分析

10.3.1. 戦後 4 人の経営者（社長）が研究開発において果たした役割の一例

　画期的新薬タクロリムスの創薬から開発においては約 20 の局面が存在し，どの局面 1 つ取っても，そこでの判断が違うものであれば結果は異なっていた。これら 1 つひとつの局面・プロセスを「研究マネジメント」「研究本部長」が丁寧にクリアしていったが，これは客観的・経験的にかつ一定の合理性を持って適切な「事実的判断」を行ったことが 1 つの要因であるといえる。つまり，重要な各局面において着実な成果を積み重ねているのである。

　しかしながら，藤沢における 50 年（1945〜1995 年頃）の研究開発の全体を俯瞰してみると，重要局面においてここぞという決定打を経営者が放っていることがよくわかる。経営者がその経営哲学・経営理念に基づき，重要局面において「価値的判断」を果敢に行い，それらを巧みに成果に結びつけているのである。歴代社長である 2 代目社長藤澤，3 代目社長早川，4 代目社長藤澤，6 代目社長青木のそれぞれが，研究開発プロセスに関して，ここぞという場面で決定打を放っている。

　2 代目社長藤澤の発酵へのこだわりは，その後長く藤沢の研究指向領域として引き継がれていき，戦後設立した医薬資源研究所は，東大農学部農芸化学科との重要なネットワークとして機能し，多くの人材を藤沢の中に取り込んだ。また三洋化学の買収は，藤澤友吉の発酵へのこだわりから生じた意思決定であった。三洋化学の買収により，高い発酵技術と優秀な発酵人材を取り込み，発酵は藤沢の研究におけるコア技術として蓄積されていく。

　3 代目社長早川によるセファロスポリン導入と開発研究への投資は，早川の経営理念「世界に通用する医薬品の開発」によるものであり，当時（1960年前後）の外国からの輸入薬を国内で販売するのが精一杯という時代背景を

180

考えると，かなり先を見据えた理念であった。

　しかしながらこの理念を現実なものとして具体化し，藤沢の研究開発力向上の格好の材料とした。結果としてそれまでなかなかお互い相容れなかった「合成」と「発酵」の連携がうまく機能するようになり，実際タクロリムスの研究開発においては，この連係が成果につながっている。先駆性と成功により，海外へのライセンスによる進出，利益の投入による中央研究所の設立等の研究開発への重点投資が可能となった。

　一方，世界に通用する医薬品を開発しながらその体力から，やむを得ず海外への製品のライセンスアウトしたことについて，じくじたる思いを持っていたのが4代目社長藤澤である。タクロリムスの海外展開について，当時の開発担当者である西山や研究本部長であった今中，さらには多くの社員が海外での免疫抑制剤の開発ノウハウがなく，リスクが高いと考えている中，果敢に自社開発・自社発売を意思決定する。本研究のインタビューによれば「多くの人は製品をベースに海外戦略を考えるが，私にははじめに海外自社展開（自社開発・自社販売）という明確な考えがあり，この延長上にタクロリムスがあった」と答えている。また，セファメジンの海外輸出（販売委託）を経験し，いつか自分たちの手で，という思いがあった。

　米国・欧州各国への自社での進出がなければ（海外大手へ販売委託していた場合），タクロリムスの開発・販売は全く異なる様相を呈していたであろうし，経営成果においても大きな差が出ていたことは間違いない。しかし，藤沢のグローバル化は相当遅れていたといえる。そんな藤澤が，海外自社展開の強い思いとタクロリムスの価値に気づき，世界市場での自社開発・自社販売に踏み切ったのはここ一番での決定打であった。その後，これを軌道に乗せるため多くの社員が難題に挑戦し成果を挙げ，結果として業界ではトップクラスの海外人材の育成が図られた。

　6代目社長青木も研究指向領域について，発酵の強みを生かした上での免疫・アレルギー領域への転換をとなえ，今中と同じく，多くの研究人材を海外に派遣し，最新の知識を習得する機会を与えている。タクロリムスの発見者である後藤，木野についても青木が海外に送り，ここで最新の知識を吸収させた。これが後の成果につながる。また，タクロリムスが発見され，今後

第4部　研究開発における経営者の役割

動物実験をどのように進めるか考えあぐねていた時に，癌制御研究会で千葉大落合講師に出会う。ここでの出会いは偶然性が高かったものの，またとない大きなチャンスをものにしている。タクロリムスの開発にとってはこのことも決定打であった。さらに，国際学会での発表を受けてのスターツル教授からのサンプル申し入れと続き，ピッツバーグ大学での初の臨床治験への道を開いた。タクロリムスの事例研究を通じて，経営者は研究開発プロセスにおいて，ここぞという時に「決定打」を打てるかどうか，これが最も大きな役割であると強く感じている。

10.3.2. タクロリムス重要局面における経営者の関わり方について

10.3.1. では，経営者サイドから見た研究開発への役割を分析したが，ここではタクロリムスの研究開発における数々の局面の中から重要な3つの局面を取り上げ，ここにおける経営者の役割について分析する。

①研究指向領域の決定

1つ目の局面は，研究指向領域を抗生物質からアレルギー・免疫へと決定し，免疫亢進剤 FK565 の開発から副作用により断念，その後（1980年頃）免疫抑制剤に指向領域を変更した経緯（理由）である。同時に時期的な経緯として，FK565 を断念した後に免疫抑制に指向領域を変更したのか，それとも免疫という大きな括りの中で，部分重複しながら抗進，抑制と同時並行していたのか，これらについて追加のインタビュー（2015年7月上旬）を試みた。

青木（6代目社長）は，この経緯について，米国の臨床現場における FK565 関連のデータを確認したところ，統計的有意性をもって示すことは難しいと思われるようになったこと，さらに理論的考察より免疫亢進はすべての免疫系ステップを活性化しないと臨床的効果は期待できないが，免疫抑制ならワンステップを抑えれば全体の系を抑えることができると考えられたこと，これらのことより，実現可能性，探索系の構築可能性からも抑制のほうがより難易度が低いと考えられたことなどが理由だったと語っている。

これらは一次資料としてカバーできない分，まさにオーラルヒストリーの強みであると考える。第6章でも記述したが後藤は免疫亢進剤 FK156,

第10章　事例研究のまとめと分析

FK565 を発見し，その延長で留学した米国立癌研究所にて最先端の免疫系制御機序について学んでいる。また同じく米国海軍病院では，免疫抑制剤の探索の可能性についても自分なりの感触を有していた。帰国後研究マネジメントという立場で免疫抑制剤の探索を提案，当時の青木，今中，藤澤（4代目社長）はこれを支持し，免疫抑制剤の研究テーマが決定される。

　免疫亢進は抗がん剤やエイズ等の治療薬の可能性があり，FK565 の開発を断念したというものの，マーケットの大きさからすると免疫抑制に比べ巨大であり，再度免疫亢進にチャレンジさせるという選択肢はあった。しかしながらそのような戦略をとらず，最新の科学的根拠と後藤（研究マネジメントの立場）の提案を承認した当時の経営者の役割は大きかったと考えられる。また，藤沢の自由な研究組織風土や研究員の提案を尊重する経営陣の度量がベースにあることはいうまでもない。

②開発候補品としての承認・決定

　2つ目の局面は，1987 年 3 月 SC にて経営者が P0 承認，すなわちタクロリムスを今後の開発候補品として決定した経緯である。事例研究結果の整理のところでも記述したが，医薬品の研究開発は，探索段階で見出された有効成分の安全性や薬効を詳細に確認するステージとして，前臨床試験段階と臨床試験段階に分けることができる。

　P0 承認はそのステージが研究段階から開発段階へ移行を承認するという重要な意味を持つ。青木のシード（候補品）提案（1984 年 10 月の SC）承認を受けて約 2 年半後のことであった。当時の研究開発総本部長は今中である。当日何が語られ，どの様な議論が行われたのか，藤澤氏，青木氏の追加インタビュー（2015 年 7 月上旬，メール含む）によれば，30 年前のことゆえ，当時最高責任者の社長であった藤澤友吉郎氏は詳細内容の記憶は鮮明ではなかったが，R & D からの提案に対して肯定的に判断したとのことであった。また第 6〜9 章の事例研究でも前述したが，研究開発総本部副本部長であった青木も当日のことを鮮明には思い出せなかったものの，シード提案時についての内容は下記の通りであった。

　　「当日の SC では科学的な可能性，費用面からの実現性等の議論は確かにありましたが，研究からの提案に経営側から否定的な結論が出ること

183

はほとんどありませんでした。その意味では研究の自由度の大きさ，経営側の度量の広さ（良い意味でのいい加減さ，とにかくやってみよう・それから考えてもいい）は藤沢の良き伝統だったかと思います。藤沢の特徴（良さ）は研究人への信頼，良い意味でのいい加減さ（所詮研究開発はやってみなければわからない），研究に限らず（生産や営業等）現場への信頼は高かった。これは他社に比べて藤沢の圧倒的な強みであったと今では考えております。」

また当日この会議に提案サイドで出席していた福元は，2015年7月上旬に行った追加インタビュー（メール含む）で，「科学的側面からのGo or No goや，P0開発期間の経費の妥当性，成功時の市場性や特許状況の審査であったと思います。当日は主としてなぜ共同研究契約先のX社が開発中止と言ってきたのかについて，包み隠さず紹介し納得を得られたと思っています」と述べている。

③海外自社開発・自社販売の決定

3つ目の局面は，多くの社員や開発の担当者までもが「海外での自社開発，自社販売はあり得ないことである」という認識の中，4代目社長藤澤は海外戦略実行にあたり自社開発・自社販売を掲げ，果敢に海外戦略を実行する。何度も述べているが，当時，日本の製薬企業で自社単独で海外開発をしたメーカーはなく，大手製薬企業にライセンスアウトするか，もしくは共同開発を行うケースがほとんどであったため，社内各部門からも海外自社開発のリスクを指摘された。さらに，タクロリムスに関しては，当時移植において開発が順調に進む保証はなかった。

藤沢はそれまで免疫抑制剤について日本での開発の経験はなく，当然のことながら日本と薬事制度の大きく異なる海外各国での開発申請業務の経験は皆無であった。また市場性についても移植領域は日本では期待できず，海外ではシクロスポリンが一定の市場を形成しつつあったが，新製品として参入してどの程度になるのかは先が読めない状況であった。開発担当者の西山自身，P2までは自社でやるとしてもP3以降はどこかにライセンスすべきであると考えていた。しかしながらトップの最終結論は「移植時の拒絶反応の抑制を対象として，自社でグローバル開発をする」というものであった。さら

第10章　事例研究のまとめと分析

に「海外での開発を先行して最終的には海外に子会社を設立し，自力で発
売・販売していく。その後，順次自己免疫疾患に適応を拡大する」これが基
本的な開発・販売方針となった。

　タクロリムスの海外自社開発・自社発売に関して，社内の慎重論（P2以
降はライセンスアウトするべし）が多い中，4代目社長藤澤が，果敢に海外
自社開発・自社販売への最終決断を下した背景には，間違いなく経営者とし
てセファメジンの海外ライセンスから得た教訓があったものと思われる。

　藤澤は当時の意思決定に関して「その製品自体をどうしようかというのよ
り，海外に自分たちで進出したいというのが先にあり，その場合にはどうし
ても自社製品でという順番になっていく自社製品ですから，自分たちで開発
しなければ自社の製品にならないと。ライセンスはもう懲りたと，こういう
ことですね」と語っている。それに対し，筆者がそのリスクに言及すると
「リスクは確かにありますけれども，そんな成功するか，せんかは，これは
やってみないとわからんのであって。そのほか，リスクについて何も備えな
しにやっているかといえば，そうではなくて」と経営者の判断を語ってい
る。

10.3.3. 先行研究と事例研究から導き出された結果との関連について

　Simon（1947，1977）によると，経営者の意思決定は，大きくは「価値的
判断項目」と「事実的判断項目」に分けて考える必要があるとされている。
タクロリムスの事例研究結果においては，経営者は，研究開発戦略に関して
表10.1にて挙げた「9つの価値的判断項目」の内次の7つに直接かつ強く関
与していた。

　まず，「研究指向領域と研究テーマの設定」について経営者は，直接関与
であり，この項目については，優秀な研究マネジメントに留学をはじめとす
る最新の科学的研究の環境整備を行い，研究員を信頼する中で，彼らの提案
（研究テーマの設定）を最大限尊重している。

　また，「自由な研究組織風土の醸成」は研究本部長の直接関与項目である
ものの，経営の意思決定の場において，経営者は間接的に関与している。昨
今，研究開発を計画的に行う必要性が強調されている中で，放任主義の創薬

185

第4部　研究開発における経営者の役割

研究開発と管理主義的な創薬研究開発が議論となるが，タクロリムスの事例研究では研究組織は間違いなく"良い意味"での放任主義であり，研究者の自由度は高く，経営者の研究者への高い信頼とこれに応える研究者との好循環が作用していたといえる。

次に第2章にて先行研究で取り上げた Allison（1971）のモデルである。事例研究を通じて，タクロリムスの研究開発プロセスにおける個々の意思決定場面について検証すると，合理的意思決定や組織内で標準的な手続きに沿って決定されたものもある一方で，特に重要な局面と言える「研究テーマの変更（今中による高分子化合物から低分子化合物の探索への突然のテーマ変更）」や，「基盤とする国内市場における売上が限定されており，さらに海外でも市場が読みにくくリスクが高い免疫抑制剤の開発候補品としてのP0承認」，および「当時タクロリムスの開発担当者や多くの社員が首をかしげた中での経営者の海外自社開発・自社販売の意思決定」はどれも合理的モデルや，組織内で確立された標準的な手続きによる決定ではなく，いわば第3のモデルによる意思決定であると考えることができる。

一般化に向けては今後複数の研究事例を重ねる必要があるが，今回のタクロリムスの事例に関しては，重要な意思決定局面は Allison（1971）における第3モデルで説明されやすく，このモデルとの親和性が高いといえる。

次に原田（2014）は，企業の保有するまたは保有していなくても活用する技術をコア技術，補完技術，周辺技術，未利用技術の4つに分類している。

上記の定義にしたがってタクロリムスの事例研究から，藤沢の技術についてコア技術，補完技術，周辺技術，未利用技術は何であったのかを検証する。経営者が，自社にとっての必要技術をこのように区分することは，自社技術の意味合いを吟味する上で重要なことである。

考察の結果，コア技術は「発酵技術」であり，それはより細かくいえば，微生物の活性を見る「スクリーニング技術」である。発酵技術は藤沢が戦後の三洋化学の買収等を含めセファロスポリン等，一貫して取り組んできたものであり，人材も含め当時の大手製薬企業に比べ，圧倒的に技術優位に立っていたといえる。また，同時に他社に対して圧倒的な競争優位に立っていたのである。この当時，同じ筑波に研究所を有する他製薬企業のトップが「な

186

ぜ隣にある藤沢の研究所から免疫抑制剤が発見され，自社のところで発見できないのか？」と研究員に檄を飛ばしたといわれているが，藤沢はこの技術を一朝一夕に獲得してきたものではなく，50年以上という長い年月をかけて，技術優位，競争優位を獲得したのである。

　また藤沢の発酵技術者は，物質発見の後簡単な小動物での効果確認なども行うことができ，これらも競争優位へとつながっている。次に補完技術とは，技術優位へのインパクトは大きいけれども競争優位への直接的なインパクトはあまり大きくない要素技術を指す，というものであり藤沢においては「物質を単離精製する技術」や「X線等による構造決定の技術」「結晶化」および「不純物を除去し純度を上げる技術」がこれに該当する。これらはセファメジンの開発を通じて社内に蓄積された技術で，これ自身技術優位のインパクトはあるものの，競争優位への直接インパクトはあまり大きくない。逆に周辺技術とは技術優位へのインパクトは小さい半面，競争優位へのインパクトは大きい要素技術を指すものであり，藤沢においては合成の技術がこれに該当する。この当時の製薬企業大手は薬学や有機化学を学んだ研究員を多く抱えていただが，藤沢の合成技術はセファメジンの合成を通じて質・量ともにトップクラスであった。当時，NRDCとセファロスポリンCの選択権契約を締結した企業は世界で9社を数えたが，そのうち実際に研究を継続しセファロスポリン系薬剤を世に出すことができたのは欧州のグラクソ社，米国のリリー社，そして日本の藤沢であった。タクロリムスの事例においてはこの合成は周辺技術であり，競争優位へのインパクトは大きかった。

　セファメジンの開発時においては合成がコア技術であり，発酵は周辺技術であったと考えられる。またセファメジンの開発を通じて合成と発酵が密に連携することになり，コア技術と補完技術の密な関係による両技術の相乗効果を有していたのが藤沢の特徴であったと思われる。

　そして，未利用技術は，組織内に全く存在することがない技術であり，藤沢の場合には移植領域における大動物実験や臨床治験の技術がこれに該当すると思われる。それまで培ってきた抗生剤の治験ノウハウや精神科用剤，循環器用剤と異なり，全く未経験な臓器移植に伴う免疫抑制剤の動物実験，臨床試験については，藤沢は外部に頼らなければならなかった。それが千葉大

第4部　研究開発における経営者の役割

学の落合講師であり，ピッツバーグ大学のスタースル教授であった。

　原田によると，未利用技術は社内に休眠しているか存在しない技術であり，技術優位，競争優位のインパクトは少ないと論じているが，タクロリムスの例はこれも重要な技術であった。ヘルシンキ学会における落合講師の動物実験結果発表がなかったら，さらにはスタースル教授のタクロリムスの移植患者へのはじめての投与がなかったらどうなっていたのか。未利用技術は外部での技術利用がうまくいかない場合には致命的になることも考えられるのである。特に画期的新薬の発見のように，イノベーションが起きた時には未利用技術は極めて大きな役割を果たすことになり，この活用に成功するか否かはその後の製品の命運を握ることになることをここでは強調したい。

　ここまで，先行研究における技術区分とこれを受けての事例研究における技術区分について検討した。ただ創薬が，液晶や，セラミックスのケースと全く異なるのは対象であるヒト，病気の複雑性の程度が極めて高く，対象に働きかける製品が理論的考察や確立された技術だけでは実現できない，常に新しい発見（不連続性）が要求される点にあると考えられる。新薬はセラミックスなどのように技術，知識の延長上に現れて来るものでなく，予測の容易でない不連続性の谷間を超えたところにあり，技術というよりもセレンディピティ[1]を必須とする科学研究上の発見に似た作業に近いものがある。整理された技術の階層，序列の整備は必須ではあるが十分条件とはいえない。技術を超えたところでの発見，発明が必要となる。このような不確定性の高い作業を的確に進め，新しい医薬の創出に結びつけるには，ある時は理論の飛躍，時には過去の技術，知識の否定から出発する等発想の飛躍的展開を必要とする。科学上の優れた業績はどのようにして，どのような個人，グループによって成し遂げられるのか。科学の進歩にとって科学者のマネジメントはいかになされるのが最も有用か，極めて難しい問題であり今後更なる研究を要す。

1　偶然に思いがけない幸運な発見をする能力，またはその能力を行使すること。この能力により，失敗した実験の結果から予想外の有用なデータや知識を得たり，検索結果を点検しているときにノイズの中から偶然に当初の目的とは異なる価値のある情報を発見したりできる。ただし，すべてが偶然や幸運に依存するのではなく，有用なデータ，情報に気付くための基盤となる潜在的な知識や集中力，観察力，洞察力を要する。

第 10 章　事例研究のまとめと分析

　また，先行研究では研究開発プロセスにおける経営者の役割について次の
3 点を論じた。はじめに，Leslie（1980）の先行研究である。ミグリーが化
学者として成し遂げた功績の背景には GM の経営陣が根気強く彼の研究を
支えていたことがあることを Leslie（1980）は実証している。経営陣は採算
度外視でミグリーの研究に予算を投じ続け，他社に研究成果を知られるリス
クを承知でミグリーに研究成果を論文として発表することを認めるなど，一
貫して寛容な態度で臨んだ。

　2 点目の政策研究大学院大学（2004）であるが，村田はインタビューで
「技術屋さんの粘りと経営者がそれを許して我慢するというか，そういう判
断との兼ね合いで新製品の成否は決まってしまう」と述べている。これは，
本研究におけるタクロリムスの研究開発を支えた藤澤，青木 2 人の元社長と
今中との共通点を有している。

　3 点目は，三品（2005）における革新的新薬[2]「ヘルベッサー」の開発にあ
たり，社長として臨んだ田辺製薬元社長平林忠雄のオーラルヒストリー結果
（事例研究）である。2 章でもすでに述べたが，平林は「日本の医薬品産業
でも海外で創られた製品の物真似をしていれば確かに利益を得ることができ
る。しかし，これでは，会社の発展はなし得ない。したがって自社で特徴の
ある製品をつくり出す。製品開発を考えた場合，私の頭の中にはスイスのこ
とがある。天然資源が乏しく，小さな国であるのに，付加価値の多い時計，
薬など精密な機械や化学工業が発達している。日本はスイスに学ぶべきであ
る」と語っている。これはまさに藤沢の 2 代目社長藤澤と同じ経営哲学・経
営理念であり，2 人の共通点を見出すことができるのである。

2　作用機序が革新的な新薬であるが，現行制度の画期的新薬とは区別される。

第11章 結論
経営者の関わりと今後の課題

11.1. 経営者は研究開発にどう関わるべきか

　ここまで，第1章で問題提起した「経営者は研究開発にどのように関わるべきか」という命題に対して，第2章の先行研究以降，画期的新薬タクロリムスの事例研究，そしてその事例の整理・分析を通じて検討を重ねてきた。

　これは言い換えれば，経営者が自身の経営哲学・経営理念をベースに，研究開発という新たな価値創造に向けて，人，物，金，グローバル事業展開に対してどのように向き合うべきなのかということである。

　はじめに"人"であるが，これは経営者自らが中長期的視点に立った研究人材の確保と自由な研究組織風土の醸成に本気で関わらなければならないのである。医薬品の研究開発においては，優秀な研究人材の確保と育成は生命線であり，研究組織風土については，特に創薬では自由度を持たせ，ビジネス目的以外の基礎研究についても積極的にバックアップする度量が必要である。2008年9月のリーマンショック，さらには2010年大手製薬企業のパテントクリフ[1]等により，欧米に続き日本企業も企業間同士の合併を含む経営の効率化を進める中で，創薬〜開発研究過程の効率化を進めた。医薬品の創薬研究については，過去の多くの画期的新薬発見がそうであったようにセレンディピティ的要素もあり，効率化という合理的システムが馴染みにくく，結果としてこれらの効率化は必ずしも製品の創出力にはつながっていない。

1　製品の特許切れによって収益が激減すること。

研究組織については非効率的な視点も必要なのである。

研究開発プロセス全体を通じての「研究組織風土」に関する経営者の役割は，事例研究では研究員の自主性を尊重し，管理主義を排除，研究員のモチベーションを高め保つ努力を怠らないこと，さらには最新の医学薬学知識の吸収の機会を積極的に若手に与えることであった。また経営者として，ものが一旦動き出したら，研究予算については経営の許す範囲で大胆に投下し，大学をはじめとするアカデミアとの密なネットワークは，自らの重要な仕事として認識しているのである。これらが新製品の発見，開発成功に少なからず影響を与えていたであろうことは，インタビュー対象者の言によれば明らかである。

次に“もの”，すなわち製品に対する考え方である。研究指向領域の決定や製品の絞り込みや各フェーズの Go or No go について経営者は経営者自身の強いこだわりが必要であり自らの経営哲学を落とし込むくらいの覚悟が求められる。先行研究および事例研究の分析を通じて明らかになったことは，研究指向領域の決定は経営者が強く関わらなければならない部分であり，経営者の経営哲学や経営理念が落とし込まれるところであると同時に，経営者として自身のこだわりを研究の指向領域に落とし込むことが必要となる。自身の経営哲学・理念を落とし込む作業とともに，経営者自身が対象とする研究領域，疾患の実態を把握することからはじまる。ここは当然のことながら研究マネジメント，研究本部長との共同作業的な意味合いが強いが，この部分を専門家に，ということで任せた段階で既に研究本部は経営者を良き理解者として認識することはない。研究開発プロセスは 1 つの製品が出るまでに10 年以上の長丁場である。事例研究から紐解くと，藤沢においては経営者の発酵へのこだわりが戦後の出発点であり，ここからアカデミア，コア技術，人材，成果へとつながっていく。確かに研究開発プロセスにおける幸運や不運はつきものであるが，少なくとも藤沢の事例や村田製作所，田辺製薬の事例を見る限り，これらを凌駕して経営者のこだわりが医薬品のイノベーション確率を上げることにつながると思われる。また，当然のことながら経営におけるテーマの実現可能性や難易度は十分に検討される必要がある。次に研究から開発へステージを進める，P0 もしくは P1 の開発候補品としての

第 11 章　結論 経営者の関わりと今後の課題

Go or No go の判断である。これについては通常「事実的判断」で進めらる
ことが多い。市場性，科学的な可能性，経費等，投資採算性からの判断が通
常なされるが，この「事実的判断」に加えて，経営者として価値的要素を織
り込み判断する，すなわち「価値的判断」が求められるのである。タクロリ
ムスの事例では製品の価値は確認されたものの FK565 開発中止の事例，共
同研究契約先の動物実験結果，さらに開発当時は日本での市場性は少なく，
海外では既にグローバル企業が他剤でゴールドスタンダードを築いていたと
いうさまざまな状況下，経営者は開発を前に進めることに「Go」を出し，
結果として成功している。

　医薬品の研究開発においては，経営者が折角社内の研究で芽生えた開発の
シードを，開発の難易度や市場性評価だけで開発の早期の段階で切り捨てて
しまうケースも多い。一方，武田薬品工業ではデュポンがロサルタン[2] 発表
より数年前から他社に先駆けて研究に着手し，諦めずに研究を継続していた
ことがカンデサルタン[3] の創出につながり，ピオグリタゾン[4] も，提携会社で
あるアップジョンが開発断念した後も単独で開発を継続したことが米国での
アクトスにつながっている。

　また，第 10 章でも述べたように村田昭本人が「技術屋さんの粘りと経営
者の我慢がなければ新製品は生まれない」と語っているが，これも「価値的
判断」である。さらに GM 社の経営者である社長と副社長の研究への関わ
り方も「価値的判断」といえる。

　そして"金"，すなわち中長期に亘る研究予算についてであるが，確保と
その投下においては「ビジネス目的」と「それ以外の基礎研究」の割合を
8：2くらいに保つ努力と度量が必要である。リーマンショック前後から日
本に導入された適時開示ルール等により，経営者は長期的な視点よりも株主
やアナリスト意識した四半期決算に目を奪われがちである。また，医薬品研
究開発の本質を十分理解していない一部の財務担当役員等により，研究開発

2　主に高血圧の治療に使用されるアンジオテンシンⅡ受容体拮抗薬の1つ。製品名はニューロタ
　ン。
3　高血圧の治療に使用されるアンジオテンシン受容体拮抗薬の1つ。プロドラッグであるカンデ
　サルタンシレキセチルが武田薬品工業から製品名ブロプレス（Blopress）で販売されている。
4　チアゾリジン（TZD）系の経口血糖降下薬，製品名はアクトス。

第4部　研究開発における経営者の役割

の効率化の名のもと短期的志向に陥っていることも否定できない。資金投下については，"経営者の我慢と研究者への信頼"がキーワードである。

　最後に研究成果の展開であるが，国内，海外を問わず自社開発・自社販売や他社への開発委託，販売委託等，多様な方式がある中で，合理的，科学的判断のみではなく，経営者としての経営哲学や経営理念を反映させた判断も必要となる。事業担当の判断は採算性，市場性，投資，経営効率で判断を下す傾向が強いのである。タクロリムスの事例でいえば，海外での開発ノウハウが全くない中で，自社開発・自社販売を経営者は理念に基づいて意思決定し，これが後に製品をグローバルで大きく拡大させることにつながった。さらに自らのグローバル化を推進する中で，多くのグローバル人材の育成が図られたのである。

11.2. 今後の課題

　"経営者が研究開発にどう関わるべきか"の1つの解に加えて，本研究で画期的新薬の創薬・開発の現場の実態を明らかにすることができたことは，大きな成果であった。当時の経営に直接携わり重要な意思決定を行った経営者，タクロリムスの発見者や困難な課題の解決に大きく寄与した開発責任者，担当者への綿密なインタビューと一次資料での検証を通じて，タクロリムスの創薬から開発における「真の姿」をあぶり出すことに一定の成果を挙げることができた。そしてこれらを歴史的所産として後世に残すことが可能となったことは，意義のあることと考える。

　「タクロリムスが筑波の土から偶然発見されたことは幸運であった」と考える人たちが多い中，本研究を通じてわかったことは，それは単なる幸運ではなく，免疫抑制剤の探索という極めて目的志向の強い，探索スクリーニング体系確立の結果であったと確信している。スクリーニング体系とは，魚取りでいえば精巧な網であり，これを完成した時点で，目的物が網に引っかかる可能性が急激に高まったのである。

　このようにして発見した物質を製品へと仕上げいく開発過程にも，さまざ

第 11 章　結論 経営者の関わりと今後の課題

まなところで確かに運は存在した。しかしながら，これに関わった人たちが
そのような運を呼び込む不断の努力を重ねていたことも事実である。経営
者，研究本部長，研究マネジメント，現場が一体となって高いモチベーショ
ンでこの製品に関わり合い，結果を残した。単なる偶然の産物ではなく「再
現性のあるマネジメント」であったといえる。

　しかしながらこれらは今回の事例で明らかになったことであり，当時の創
薬をめぐる時代背景も考慮しなければならない。その後，医療技術の水準や
iPS 細胞等，医薬品をめぐる創薬環境は大きく変化しており，これらの結果
を一般化，普遍化するためにはさらに今後の研究を進める必要があると考え
ている。

　また，創薬環境について言及すれば，タクロリムスの成功以降，日本の創
薬研究のシステムの流れは大きく変わりつつある。その後多くのベンチャー
企業が現れ，スクリーニングから臨床開発までの下請け能力が向上し，ネッ
トワーク型の創薬研究が一般的になった。

　下請け的ベンチャー企業の力はあなどり難いものがある。たとえば，リン
酸化酵素を専門としており，細胞内シグナル伝達に関与するといわれる 400
余種の酵素をほぼ完全に品揃えし，ハイスループットスクリーニング[5]
（HTS）まで担当する会社がある。また，薬の標的タンパク（酵素や受容体）
の構造を示せばその活性部位に影響を与え得る可能性のある低分子物質の構
造（複数）を提示してくれる会社もあり，すぐにスクリーニングに取りかか
ることができる。

　さらに，ヒトのタンパク質（受容体や酵素等）に対する抗体をヒトと遺伝
子の相違が大きく抗体が取りやすいニワトリから取ってくれる会社，大動物
のミルクやダチョウが産むような大きな卵で抗体の大量生産を図る会社等，
多くのベンチャー企業が急速に増えている。これからの創薬は大艦巨砲主義
（戦艦武蔵）ではなく，多彩な戦闘能力を有する中小艦艇の集合隊（機動船
団）によって行われるようになる。

　それゆえに，今後はより一層全体最適を見極めるという視点から経営者の

5　オートメーション等の技術を最大限に利用したスクリーニングシステムで，数十万検体を高速
　でスクリーニングする方法。

第4部　研究開発における経営者の役割

研究開発への関わり方は，重要性を増して来るのではないかと考える。

　本研究において示した経営者と研究開発との関わりについては，その探求の道のりは長く終わりがない。本書が研究開発機能を有する企業経営者の道標の1つとなれば幸甚である。

付録 1. 臓器移植についての理解

　1967 年 12 月南アフリカ共和国で世界初の心臓移植が行われて以来，欧米をはじめ海外の国々では脳死を「ヒトの死」として臓器移植が行われてきた。日本における臓器移植は 1958 年に法制化された角膜移植にはじまり，次いで腎移植が実現し，骨髄移植も増えていった。1968 年 8 月には札幌医科大学・和田寿郎教授により我が国初の脳死者からの心臓移植が行われたが，この手術に関しては後に各種疑問が疑問を呈せられ，嫌疑不十分で不起訴になったものの刑事告発されたこともあり，死体臓器の移植医療は定着しなかった（法律が整備され，2 回目の心臓移植が行われたのは 30 年以上後の 1999 年である）。

　近年，医療技術の長足の進歩は人類の健康と福祉を充実させたが，その半面，人工蘇生術の進歩により生死の境を明確に区切ることが困難となる状況も多く見られるようになった。

　1988 年 1 月日本医師会生命倫理懇談会は，2 年近い検討の結果脳死を個体死と認め，脳死者からの臓器摘出は脳死者本人の生前の意思や家族の同意があれば可能であるとの報告書をまとめた。さらに 1989（平成元）年 3 月には首相の諮問機関として「臨時脳死及び臓器移植調査会」（脳死臨調）が設置された。約 2 年間の調査・検討を行い，1992 年 1 月になって最終答申が提出された。

　答申は，脳死をもってヒトの死とすることについて，大多数の委員は賛意を示したものの一部の委員には反対があった。しかし脳死体からの臓器の移植には委員全員がその意義を認めたという内容であった。結論としては，ヒトの死についてはいろいろな考えが世の中に存在することに十分な配慮を示しながら，良識に裏打ちされた臓器移植が推進されることにより 1 人でも多くの患者が救われることを希望するというものであった。

　脳死臨調は厳しい条件を付けながらも脳死移植推進を打ち出した。そしてドナーカードの普及，インフォームドコンセントや臓器移植ネットワークの構築を含め，解決されなければならない多くの課題があることを指摘した。その後各方面の努力により臓器移植法が 1997 年 7 月 16 日に制定，同年 10 月 16 日に施行された。

移植の対象臓器は心臓，肝臓，腎臓，眼球，肺，膵臓，小腸とすることを施行規則で定め，脳死判定は竹内基準に準拠し，補助検査として聴性脳幹反応の実施を推奨した。

　ただし当面は，心停止後の腎臓および角膜の摘出に限るが，本人の書面意思表示がなくても家族の承諾で脳死判定ができるようになり，臓器提供の状況は大きく変化している。しかし日本では肝臓に関しては今もって生体肝移植が主流であり，他臓器を含めても脳死移植は圧倒的に少ない。

付録 2. タクロリムス　研究開発関連 年表

	【タクロリムスの創薬から開発の過程】前後の状況を含む
1946 年 11 月	藤沢薬品工業第 2 代目社長藤澤友吉は，科学の振興が戦後日本の再起の道であるとの考えから私財を投じて医薬資源研究所を設立する。
1947 年 5 月	藤澤友吉は，戦後の窮地から立ち上がるには何よりも研究を最優先すべきであるとの考えを堅持し，機会あるごとに研究開発の重要性を強調した。
1949 年	京都研究所 2 代目所長に宮崎道治就任，研究所の組織を発酵化学，合成化学，生物化学，植物化学，総務の 5 課制とする。
1953 年 4 月	後の 4 代目社長藤澤友吉郎 藤沢薬品入社その後，1953 年 4 月から 1959 年 3 月までの 6 年間東京大学医学部薬学科留学。 今中宏 三洋化学に入社。
1953 年 10 月	三洋化学にてトリコマイシンの製造承認を取得（東大 細野省吾教授の研究成果）。
1954 年 1 月	京都研究所焼失。
1956 年 10 月	発酵の技術力および人材を有した三洋化学を吸収合併。
1960 年 4 月	後の 6 代目社長青木初夫 藤沢薬品入社。
1961 年 6 月	欧州歴訪中の 2 代目社長藤澤友吉が NRDC を訪問，セファロスポリン研究契約のドラフトを持ち帰る。
1961 年 9 月	契約締結を決める常務会が開催され，議論は賛否両論に分かれ沸騰，常務取締役早川三郎の「やろうやないか。たとえモノにならんでもかまへん。技術を磨くいいチャンスと思えばええやろう」という発言が大勢を決し，社長藤澤友吉が最終決断を下す。
1961 年 10 月	英国国立開発公社（NRDC）との間でセファロスポリン C 群から医薬品を製造する契約を交わす。
1961 年	今中が千葉県の土壌の中から分離した菌体の中から抗カビ性抗生物質の発見（1966 年ピロールニトリン：ピロエース，上市）。
1963 年	世界ではじめての肝臓移植を T. E. スターツル教授（ピッツバーグ大学）が行う。
1964 年 4 月	中央研究所（大阪）第 1 期工事が竣工。
1967 年	富山県立山の土壌より分離した放線菌の一新菌，Streptomyc es tasteyamensis がグラム陽性菌に強力な抗菌作用を持つ抗生物質を生産することを発見し，チオペプチンと命名（青木，向阪，三好，許斐）。

1967 年 6 月	早川三郎 代表取締役社長に就任。
1968 年 1 月	「世界に通用する医薬品」と「強靭な意思と強健な体力」を併せ持って国内市場への依存から脱却し，世界市場に挑戦するところに日本の医薬品企業の未来があると確信する（3 代目社長早川の経営基本方針の冒頭部分）。
1968 年	セファゾリンの合成に成功（合成グループ）。
1968 年	札幌市の土壌より分離した放線菌の一新菌株 Streptomyces sapp oronensis が大腸菌，赤痢菌の腸内細菌群に特異的抗菌活性を示す抗生物質を生産することを発見し，ビコザマイシンと命名（青木，向阪，三好，許斐）。
1971 年 4 月	セファゾリンの製造承認を取得。
1973 年 4 月	藤澤友吉郎 常務取締役 研究開発担当。 （青木初夫 中央研究所主任研究員 1973-83 年）。
1974 年 4 月	後藤俊男 藤沢薬品に入社。
1976 年 4 月	木野亨 藤沢薬品に入社。
1976 年頃より	感染症以外の疾患治療薬（降圧剤，抗炎症剤，抗がん剤など）の探索を行うようになる。抗菌薬から方向転換し免疫増強剤，抗がん剤として使えるものを求めて探索の方向性をシフトさせた。
1977 年より	低分子（分子量 1000 以下）の物質に目標を絞って，発酵産物からスクリーニングを行う（この時点では，荒い評価系であった）。
1978 年	中央研究所（大阪市）の発酵グループが放線菌の 2 次代謝産物から強力な免疫賦活物質 FK156 を発見。これに化学修飾を加えてより活性の強い FK565 を創出，一時米国で抗がん剤ならびに抗エイズ薬としての開発を目指したが成功しなかった。
1978 年 6 月	藤澤友吉郎 代表取締役社長（4 代目）に就任。
1982 年	微生物二次代謝産物から新しい免疫抑制剤の探索研究（スクリーニング）に着手，天然物探索に特化した探索法・スクリーニング法（セル・ベスト・アッセイ）を構築。
1983 年 4 月	筑波研究所第 1 期工事竣工　探索研究所。 初代研究所長は今中宏，1 年後に青木初夫が 2 代研究所長。
1983 年 4 月	リンパ球反応というスクリーニング法を確立。 免疫抑制剤の探索を開始。
1983 年 11 月	研究開発総括本部を設置，研究開発組織を一元化。
1984 年 3 月 22 日	タクロリムスを筑波山麓の土の中から発見（天然物）。

付録 2. タクロリムス 研究開発関連 年表

1984 年 10 月	探索研究所より今後の研究方針として，①構造解析，②主作用（移植），副作用（腎毒性）をシクロスポリンと比較検討すること，③作用機序面でシクロスポリンとの違いを明確にする，の 3 点が提案され Seed 承認される。
1984 年 12 月	大阪市で開催された第 2 回癌制御研究会にて探索研究所長であった青木初夫が懇親会で落合講師（千葉大医学部）にタクロリムスの話をし，落合講師が大いなる興味を示す。
1985 年 1 月	工業化研究所（名古屋工場内）第 2 期工事竣工。
1985 年〜1988 年	1000 以上の誘導体をつくるも，タクロリムスより優れたものはなかった。
1986 年 3 月	スターツル教授がはじめてタクロリムスという免疫抑制剤の噂を聞く。
1986 年 8 月	ヘルシンキ 第 11 回国際移植学会で千葉大学の落合講師からタクロリムスの動物実験データ（ラットの心移植）が発表される。
1986 年 9 月	福岡・九州大学で開かれた学会講演のためスターツル教授と今中宏がはじめてホテルのコーヒーショップで顔を合わせる。
1986 年	その直後，第 11 回国際移植学会を終えて来日中であったスターツル教授，藤堂省助教授（九大医学部助手を経てピッツバーグ大学に移籍）から藤沢に接触があった。
1986 年	今中からの経営陣への働きかけを経て会社として正式にスターツル教授へサンプル提供を決定する。
1986 年	ピッツバーグ大学では藤堂助教授が中心となって，ラット，イヌ，サル，ヒヒでの移植試験を行い，薬理作用や安全性など詳細な検討が進められた。
1986 年 12 月	開発担当者の西山が A 社の担当者と米国をまわる。藤沢と A 社はタクロリムスの開発に関して共同開発の契約を結んでいた。
1987 年 2 月	シンガポールで A 社（共同研究契約先）との会議が開催される。藤沢は A 社が共同研究契約を解消したことを受け，それ以降，独自でタクロリムスの開発を進めることになる。
1987 年 3 月	スクリーニングコミッティにて，タクロリムスが開発候補品（P0）として選択承認される。
1987 年 4 月	今中宏 研究開発総本部長に就任。
1987 年 4 月	青木初夫 研究開発総本部副本部長兼国際開発本部長に就任。
1987 年 5 月	ラットおよびヒヒでの急性，亜急性，慢性（1 年間），毒性試験。ラットおよびマウスでのがん原生試験を実施。
1987 年 6 月	第 3 回国際移植学会（スエーデン）のタクロリムスサテライト・シンポジウムにおいて藤堂教授による動物実験の結果が発表される。また落合講師らによるイヌの腎移植の成績も発表された。

1987年10月	米国の開発拠点，メリーランド事務所を開設。
1987年12月	フジサワ・スミスクライン・コーポレーション（米）を藤沢の全額出資の子会社とする。
1988年6月	青木初夫 取締役に就任。
1989年3月	スターツル教授が，タクロリムスを世界ではじめて，肝臓移植を受け他剤が無効であった慢性肝拒絶となった28歳の女性患者に投与。
1989年10月	米国の新聞ニューヨークタイムズの科学面のトップニュースに「臓器移植における新薬のグレートサクセス」という見出しが掲載された。ピッツバーグ大学でタクロリムスが臨床試験に使用されたことが報じられた。
1989年10月	第4回欧州移植学会（バルセロナ）のサテライトシンポジウムにおいて，肝移植時の拒絶抑制に対するタクロリムスの優れた有効性と安全性が報告された。その10日後に一流医学雑誌「ランセット」に10例の詳細な症例報告がなされた。
1989年11月	英国保健相から外交ルートを通じて厚生省にタクロリムスのサンプル提供要請があり，サンプルをロンドンへ緊急空輸，肝移植手術の子供に投与。
1990年4月	青木初夫 研究開発総本部長に就任。
1990年6月	タクロリムス米国でIND申請（肝移植）。
1990年6月	タクロリムス国内で肝臓移植臨床試験を開始。1991年10月までに36例のうち24例にタクロリムスが投与（京都大学を中心に生体部分肝移植）され肝移植後の拒絶反応に対する高い有用性が明らかになった。
1990年後半〜	欧米の開発拠点を通じ米国12施設，欧州4カ国8施設において肝臓移植を中心に臨床試験を開始。
1991年4月	バーバラ・ブッシュ米国大統領夫人が臓器移植関係者を招いてホワイトハウスで主催したレセプションに4代目社長藤澤が日本からただ1人招待される。
1991年6月	今中宏 代表取締役専務取締役（研究開発担当）。
1991年8月	第1回タクロリムス国際会議を開催（ピッツバーグ）。
1991年10月	フジサワヨーロッパGmbH設立。
1991年11月	クリンゲ本社内にF-GmbHを設立。
1991年12月	プログラフを厚生省へ製造承認申請（適応症：肝臓移植時における拒絶反応抑制）。
1992年6月	藤澤友吉郎 代表取締役会長に就任。
1992年8月	第14回国際移植学会（パリ）で発表。
1993年1月	青木初夫 常務取締役 米国子会社（FUSA）社長就任。

付録 2. タクロリムス　研究開発関連 年表

1993 年 4 月	国内におけるタクロリムスの製造承認がおりる。
1993 年 5 月	国内においてタクロリムスが薬価収載される　1992 年の薬価新算定方式後，初の画期性加算（10％強）が加えられた。
1993 年 5 月	第 12 回米国移植学会（ヒューストン）および第 19 回米国移植学会で欧米で実施された肝臓移植の比較臨床試験成績が発表される。
1993 年 6 月 -1996 年	ドイツ，米国，英国をはじめ欧米各国で新薬承認申請を行う。
1993 年 10 月	第 6 回欧州移植学会（ギリシャ）で欧州で行われた臨床治験データーを中心にレビューが行われ欧州での評価を高めた。
1994 年 4 月	米国でタクロリムスの製造・販売承認がおりる。
1994 年 6 月	英国で最優先審査の取り扱いを受け承認がおりる。
1994 年 6 月	米国でタクロリムスを上市。
1994 年 8 月	第 15 回国際移植学会世界会議（京都）にてタクロリムスに関する発表は約 60 題，欧州および米国でのそれぞれの多施設肝移植臨床試験，ならびに日本での多施設腎移植臨床試験の成績が発表された。

付録 3. 人物紹介

本書の研究における主な登場人物・協力者を五十音順（敬称略）にて掲載。
経歴の公開を前提とし，許諾を得た。
◎…インタビュー対象者・本研究協力者。

◎青木　初夫　（研究者→6代目社長）

1960 年	東京大学農学部農芸化学科卒 農学博士
1960 年 4 月	藤沢薬品入社
1973～83 年	中央研究所主任研究員
1983～86 年	探索研究所長
1987～90 年	研究開発総本部副本部長兼国際 開発本部長
1990～92 年	研究開発総本部長
1993 年 1 月	Chairman & CEO，フジサワ USA, Inc. 就任
1999 年	代表取締役社長就任
2005 年 4 月	アステラス製薬株式会社代表取 締役会長就任

　研究開発の自由な組織風土醸成，発酵グループの牽引者，抗生物質から免疫系への道筋をつける。千葉大落合講師との出会いを通じてタクロリムスの方向を決定づける。スタツール教授との親交，フジサワ USA の立て直しとタクロリムスの米国での承認，販売（フジサワ USA の社長），重要局面での的確な判断，多くの人材を育成する。

◎鯵坂　六彌
（研究者→開発本部副本部長兼開発企画室長）

1951 年	東京大学農学部農芸化学科卒
1951 年	三洋化学入社

　三洋化学では今中の先輩格に当たる。1956年三洋化学が藤沢に吸収され藤沢へ移籍，卓越した発酵技術と多くの人材を育てた。三洋化学から藤沢に移った多くの人材についておよび三洋化学・藤沢の東大農芸化学科卒業者についての詳細をインタビューさせていただいた。また移籍当時藤沢の社風をどのように見ていたのかも合わせて伺った。

◎天谷　忠弘
（開発担当者→開発本部副本部長）

1969 年	京都大学薬学部薬学研究科修士課程 修了　薬学博士
1969 年	藤沢薬品入社

　入社以降一貫して臨床開発畑を歩み，非ステロイド性抗炎症剤，抗がん剤，抗生剤，免疫抑制剤等の開発に携わる。タクロリムスグローバルプロジェクトリーダー。タクロリムスの開発当初から関わり，臓器移植時の拒絶反応に対する免疫抑制剤としての開発に続き，リウマチ等自己免疫疾患並びにアトピー性皮膚炎治療の外用剤等の適応症拡大に尽力した（今回は直接インタビューではなく当時の貴重な一次資料をお送りいただき，メールでのやりとりとなった）。

今中　宏
（研究者→専務取締役 研究開発総本部長）

1953 年	鳥取大学農学部農芸化学科卒
1953 年	三洋化学入社

　1956 年に在籍していた三洋化学が藤沢に吸収され藤沢へ移籍すると同時に，医薬資源研究所を通じて東大農学部農芸化学科有馬研究室へ留学。有馬教授から「微生物から裏切られることはない。微生物の中には必ず何かが潜んでいるものである」という有馬哲学を徹底的に叩き込まれる。また有馬研究室に留学中，独自のアイデアで特殊培地下のみで生産される抗生物質を探索する系を構築し，ピロールニトリンを発見した。発酵に対する強烈な思い入れがあり，藤沢の発酵グループの精神的支柱であり，多くの人材を育てた。2011 年没。

◎海津　務　（研究者）

1979 年	東京大学大学院修士課程修了（薬学）

204

付録 3. 人物紹介

1979 年　藤沢薬品入社

　佐賀医科大学に留学し，細胞工学技術を用いたモノクローナル抗体作成技術を社内に導入し，タクロリムスの血中濃度測定系の礎を構築する。その後も藤沢薬品において研究，営業学術，臨床開発と一貫して免疫抑制剤に関わる業務に従事し，プログラフの移植領域における市場導入や適応拡大・新製剤の開発に貢献した。

◎木野　亨　（研究者）

1976 年	東京大学農学部農芸化学科卒 大学院修士課程修了（田村學造教授研究室）
1976 年	藤沢薬品入社
現在	ベンチャー企業開発責任者・長崎国際大学客員教授

　中央研究所，探索研究所にて一貫して医薬品の探索研究を行った。探索研究のために数多くのアッセイ系の確立やスクリーニングを実施し，現場で長靴をはきながら発酵のジャーを回す等の現場主義者であり，タクロリムスを発見した論文の筆頭著者（First Author）である。留学先にて免疫学の基礎を学ぶ。複雑系が得意。大学院時代は後藤氏と同じゼミで，先輩後輩の仲。

◎後藤　俊男　（研究者→研究本部長）

1971 年	東京大学農学部農芸化学科卒（田村學造教授研究室）農学博士
1974 年 4 月	藤沢薬品入社
2001 年	執行役員研究本部長
現	国立研究開発法人理化学研究所創薬・医療技術基盤プログラムディレクター

　東京大学在学時，有馬啓教授の教え子である田村學造教授の「微生物学研究室」に所属。天然物由来の抗がん剤と抗ウイルス剤をテーマに研究した。田村研究室で学んだことが，自身の研究者人生を規定したと述べている。当時主流であった抗菌抗生剤からの脱却を提案，さらに幅広く免疫系などに作用する薬剤探索の必要性を説く。免疫亢進剤 FK 156，FK 565 を発見，その延長で留学した米国立癌研究所にて最先端の免疫系制御機序について学ぶ。

　帰国後設立されたつくば探索研究所にて，免疫抑制剤・抗がん剤探索グループを主導し，タクロリムスを発見。発見当日，顕微鏡を観察していた現場リーダーの木野亨は大学研究室の 2 年後輩にあたる。天然物探索グループの長としてタクロリムス以外にも抗真

菌剤や抗がん剤などを発見し，3 品目を医薬品として世に出している。

◎小林　正和　（研究者）

| 1970 年 | 関西学院大学大学院 修士課程修了（有機化学） |
| 1970 年 | 藤沢薬品入社 |

　大学院時代には天然物有機化学を専攻，中央研究所で合成を担当，セファメジンの原料であるセファロスポリン C の精製工程の抜本的転換を行い，セファメジンのコストダウンに貢献した。タクロリムスの動物実験が進んでいくうち，に将来の臨床時に必要とされる患者の微量血中濃度測定という難題が持ち上がる（動物実験においても同様）。これは，タクロリムスはシクロスポリンの 100 分の 1 程度の濃度で効果を発揮するために，投与後血中でのタクロリムスの微量測定を速やかにできないと最適投与量を決定できないというものであった。しかし，小林を中心とする生物工学研究チームはこの難題を 1 カ月程で解決する。これができなければ，タクロリムスは患者への適切投与量を決めることができず，製品化が難しかった可能性がある。

◎中原　邦夫　（研究者）

| 1972 年 | 大阪府立大学大学院卒（農芸化学修士課程修了）農学博士 |
| 1972 年 | 藤沢薬品入社 |

　今中が鳥取大学時代に世話になった村尾澤夫先生（その後大阪府立大学で教授）のもとで指導を受ける。藤沢への入社もその縁であり，免疫薬理のプロフェッショナル。筑波研究所での評価研究を担当し，動物実験実施者の稲村典昭（京大農学部修士卒 農学博士）とともにタクロリムスを発見した後藤，木野グループとよく連携し，初期の開発推進に貢献した。また千葉大学の落合講師（当時）との共同研究では藤沢側の窓口として移植動物での評価に加わり，落合先生から信頼される。

◎西山　道久
（研究者→開発担当者→グローバル開発部長）

| 1972 年 | 北里大学大学院修士課程修了（薬学） |
| 1972 年 | 藤沢薬品入社 |

　入社後は中央研究所に配属され，その後鎮痛消炎剤，アレルギーを担当。アレルギーを担当していたことから，開発候補品としての P0 承認後タクロリムスの開発を担当するこ

とになる。タクロリムスの開発についての最
大のキーマンであり貢献者。独特の個性とそ
のリーダーシップは秀逸であり，多くの人の
協力を得ながらうまくプロジェクトをマネジ
メントし，製品化にこぎつけた。スターツル
教授からの信頼も厚い。

◎福元　英男
（調査企画室長→フジサワ USA 社長）

1968 年　東京大学薬学部卒
1968 年　藤沢薬品入社
　一貫して研究企画畑に所属。研究開発会議
およびスクリーニングコミッティの事務局を
担った。タクロリムスのシード承認の後，
P0 に行くまでの 2 年間タクロリムスプロジェ
クトチームのリーダー（実質司令塔）を務
め，一時，動物実験結果にネガティブな結果
が出るも，自らその動物データを取り寄せ問
題点を指摘した。あきらめずにプロジェクト
を推進，開発会議にて P0 提案を行う。落合
教授のヘルシンキでの学会発表に関して，粘
り強い交渉により共同研究先である A 社か
ら許諾を得る。この学会発表によりタクロリ
ムスは，グローバルに広く認知されるように
なる。

◎藤澤　友吉郎　（研究者→ 4 代目社長）

1953 年　　　　東北大学理学部卒 薬学博士
1953 年　　　　藤沢薬品入社
1953～59 年　東京大学医学部薬学科留学 東
　　　　　　　京大学薬学博士
1962 年　　　　開発部企画課長
1970 年　　　　取締役東京支社長
1973 年　　　　常務取締役 研究開発担当
1978 年　　　　代表取締役社長 医薬資源研究
　　　　　　　所の理事長も兼ねる

　研究所の筑波への移転を決定し，自由な研
究開発の組織風土醸成に努める。発酵グルー
プが苦しい時にも経営者として我慢し支援し
続けた。藤沢全社の自由な組織風土の醸成，
藤沢の海外戦略の実行者。タクロリムスの
P0 提案を承認，その後タクロリムスの海外
自社開発自社販売を意思決定，成功させる。
藤沢のグローバル化の前進に大きく貢献す
る。

◎堀田　建夫　（人事部長）

1965 年　大阪市立大学法学部卒
1965 年　藤沢薬品入社
　工場・研究所・本社の人事労政課長→経営
企画室次長→国際人事室長→人事部長→常勤
監査役を務める。工場・研究所の人事労政約
15 年間，経営企画 4 年間，本社人事労政 17
年間担当した。今回は特に名古屋における発
酵人材や中央研究所時代の人材についてイン
タビューさせていただいた。

◎山下　道雄
（研究者→工業化第二研究所長）

1975 年　慶應義塾大学大学院工学研究科修士
　　　　　課程修了（生物有機化学および発酵
　　　　　探索）
1975 年　藤沢薬品入社
　大学・大学院時代には，梅澤濱夫教授のも
とで発酵研究に従事した（梅澤先生主宰の微
生物化学研究会と共同研究）。藤沢入社後は，
30 年近く一貫して発酵研究業務に携わる。
中央研究所・発酵担当の後，探索研究所・発
酵探索グループ（筑波），工業化第二研究所
（名古屋）で，精製グループリーダーおよび
担当研究員を経て，工業化第二研究所長・発
酵技術研究所長を歴任した。

あとがき

　かつて欧米の水準に肩を並べていたと言われる日本の研究開発・技術開発レベルの低下が止まらない。

　最終章の校正を終えながら，私はふと，もう半世紀時以上前の中学校時代を思い出した。社会科の授業で年老いた教師が，同じことを何度も繰り返していた。「君たち，とにかく日本は資源がないんだ，資源がない日本がどうやって世界に打って出るか，君たち，研究開発や技術を通じて新しいものを世界に先駆けて創り，これで勝負するんだよ。これしか日本が生き残る道はないんだ。企業も国もそのために必死なんだよ」。1960 年代後半から 70 年代は戦前，戦後の創業経営者が活躍した時代でもある。ソニーやホンダ等創業経営者が独創的な技術で世界に打って出，さらに国家や官僚も極めてエキサイティングな中，官民一体となって経済成長を支えた時代があった。まさに技術立国という言葉が真剣に，かつ現実味を帯びて響きわたっていた。

　年老いた社会科の教師が見つめていた視線の先には，希望にあふれる研究開発先進国の日本があったと思う。若い中学生にエールを送り，それを刷り込むような気迫があったことを今でも思い出す。

　それから 50 年，日本の研究開発は世界に伍していくレベルにあるのだろうか。

　もちろん研究開発のレベルについては，それぞれの産業や企業ごとにも異なり，一律に論じることはできない。しかしながら，最近の新たなイノベーションは世界でも欧米を中心に次々と勃興し，中国や韓国，台湾にも追い上げられてきている。

　本書で取り上げた最先端の医薬品の研究開発においては，1970 年代から2000 年前後くらいまでが日本の製薬企業の黄金期であり，それ以降，そのレベルは欧米に圧倒的に遅れてしまった。遺伝子解明，再生医療，低分子化

207

合物から高分子化合物への移行など創薬をめぐる環境の変化に加えて，研究開発体制の効率化による研究員のモチベーション低下等様々な理由があるが，現在，多くの経営者は，自社での創薬に多くを期待せず欧米のシーズ獲得に走る傾向にある。私自身，一介の経営学者としてこれらを否定するつもりはない。ひとつのビジネスモデルとして持続的な収益を確保することは企業経営の要であり，ビジネスを継続していくための基本中の基本であるからである。

　しかしながらほんとにこれで良いのだろうか，という素朴な疑問がある。様々な理由はあるにせよ，医薬品に関しては年間2兆円もの貿易赤字でこれらが年々拡大していることは明らかであり，今後10年先の製品パイプライン（新薬候補物質）についても外資系企業が圧倒している。日本発オリジナルな画期的新薬はなかなか出てくる様相はない。

　国に多くのことは期待できない。何故なら役所の向いているベクトルと企業経営のベクトルは必ずしも一致しなくなってきているからである。多くの審議会で多くの委員や学者が問題提起をするが，なかなか実際の解決策はでてこない。極端な言い方かもしれないが，結局のところ，経営者次第なのである。つまり本書が中心的なテーマとした〝経営者が研究開発にどう向き合うのか〟ということに尽きるのである。本質は不変である。哲学者プラトンの金言は今も衰えることはない。

　米国発の金融グローバル化，更にはリーマンショック以降，経営者は四半期決算はじめ短期的な企業業績やステークホルダーを意識した経営に行動変容する。研究開発においても，長期的な視点に立ったビジネス目的以外の基礎研究には投資の意味を見い出さない。30年後50年後を見据えた自社や国の研究の姿に想いを馳せる経営者がどれほどいるのであろうか。

　本書の中にでてくる経営者藤澤友吉は，間違いなく50年後を見据えていた。それは経営史をしっかりと読み解く中で，その息吹が感じられるのである。一企業人としてのみの経営者と，企業や国家の数十年先にまでに想いを馳せながら経営を行う経営者，その違いは深遠である。

　本書は，画期的新薬の研究開発の事例を通じて，経営者と研究開発について検討を加えたものであるが，本書の特徴はこれを薬学的な視点ではなく，

経営学の視点で記したところに意味がある。

　今回は医薬品の創薬・研究開発をテーマとしたが，今後は自身のライフワークとして今まで多大な研究費を投入し開発された画期的な医薬品が人類にどのように貢献したのか，その歴史的変遷や経営者の意思決定過程についても研究を深めていきたいと考えている。あわせて他産業における"経営者と研究開発"についての研究も極めて興味深い。ますます興味は尽きないのである。

　経営者に焦点をあて，その経営行動を深く観察し，常にその本質的な意味を問い続ける実践的経営学論者の三品和広先生との邂逅は，私の人生にとって，とてつもなく大きなことであった。創業経営者と操業経営者の圧倒的な違いを実証研究を通じて明らかにした点も大いに敬服する次第である。

　三品先生には論文執筆中，要所，要所でご指導頂くと共に，経営者の心の真髄に迫る歴史観，世界観，本質論についてもご指導頂いた。心より感謝したい。またこの本を世に出すことを勧めてくださり，節目，節目で的確なアドバイスを頂いた白桃書房の平千枝子編集長ならびに校正作業をお手伝い頂いた大矢玲子編集部員には厚く御礼を申し上げたい。

　50年後の日本が研究開発のレベルにおいて世界を席巻し，輝かしい未来であることを祈り，筆をおきたい。

　　2018年盛夏

　　　　　　　　　　　　　　　　　　　　　　　　　　栗原道明

参考文献

Adams, R., Bessant, J. & Phelps, R. (2006) Innovation management measurement: A review. *International Journal of Management Reviews*, Vol. 8, Issue 1, pp.21-47.

Akerlof, G. (1970) The market for "Lemons" quality uncertainty and the market mechanism. *The Quarterly Journal of Economics*, Vol.84, No.3, pp.488-500.

Allison, G.T. (1971) *Essence of decision; Explaining the cuban missile crisis.* Boston, USA: Little, Brown and Company(宮里政玄訳『決定の本質―キューバ・ミサイル危機の分析―』東京:中央公論社, 1977).

Atkinson, R. (1998) *The life story interview.* Thousand Oaks, USA: SAGE Publications(塚田守訳『私たちの中にある物語―人生のストーリーを書く意義と方法―』東京:ミネルヴァ書房, 2006).

Barnard, C. I. (1938) *The functions of the executive.* Boston, USA: Harvard University Press.(山本安次郎訳『経営者の役割』東京:ダイヤモンド社, 1968).

Baum, F. (1995) Researching public health: Behind the qualitative-qualitative methodological debate. *Social Science & Medicine*, Vol.40, No.4, pp.459-468.

Bertaux, D. (1997) *Les récites de vie: Perspective ethnosociologique.* Paris, FRA: Nathan.(小林多寿子訳『ライフストーリー――エスノ社会学パースペクティブ―』東京:ミネルヴァ書房, 2003).

Brown, S. L. & Eisenhardt, K.M. (1995) Product development: Past research. *Present findings, and Future directions. Academy of Management Review*, Vol.20, No.2, pp.343-378.

Burns, T. & Stalker, G. M. (1961) *The management of innovation.* New York, USA: Oxford University Press.

Clark, K. B. & Fujimoto, T. (1991) *Product development performance.* Boston, USA: Harvard Business School Press(田村明比古訳『製品開発力―日米欧自動車メーカー20社の詳細調査 実証研究―』東京:ダイヤモンド社, 1993).

Cockburn, M. & Henderson, R. M. (2001) Scale and scope in drug development: Unpacking the advantages of size in pharmaceutical research. *Journal of Health Economics*, Vol.20, Issue 6, pp.1033-1057.

Cohen, W. M. & Levinthal, D. A. (1989) Innovation and learning: The two faces of R&D. *Economic Journal*, Vol.99, No.397, pp.569-96.

Cooper, R. G. & Kleinschmidt, E. J. (1986) An investigation into the new product process: Steps, Deficiencies, and Impact. *Journal of Product Innovation Management*, Vol.3, Issue 2, pp.71-85.

Cooper, R. G. & Kleinschmidt, E. J. (1987) New products: What separates winners from losers? *Journal of Product Innovation Management*, Vol.4, Issue 3, pp.169-184.

Cooper, R. G. & Kleinschmidt, E. J. (1993) Major new products: What distinguishes the winners in the chemical industry? *Journal of Product Innovation Management*, Vol.10, Issue 2, pp.90-111.

Christensen, C. M. (1997) *The innovator's dilemma: When new technologies cause great firms to fail.* Boston, USA: Harvard Business School Press. (玉田俊平太監修・伊豆原弓訳『イノベーションのジレンマ―技術革新が巨大企業を滅ぼすとき―』東京：翔泳社, 2001).

Christensen, C. M. & Raynor, M. E. (2003) *The innovator's solution.* Boston, USA: Harvard Business School Press. (玉田俊平太監修・櫻井祐子訳『イノベーションへの解―利益ある成長に向けて―』東京：翔泳社, 2003).

Danzon, P. M., Epstein, A. & Nicholson, S. (2007) Mergers and acquisitions in the pharmaceutical and biotech industries. *Managerial and Decision Economics*, Vol.28, Issue 4-5, pp.307-328.

Dougherty, D. J. & Heller, T. (1994) The illegitimacy of successful product innovation in established firm. *Organization Science*, Vol.5, No.2, pp.200-218.

Drucker, P. F. (1963) Twelve fables of research management. *Harvard Business Review*, Vol. 41, No.1, pp.103-108. (林宏子訳「R＆Dはなぜマネジメントできないか」『Harvard Business Review』2004年3月号).

Emerson, R. M., Fretz, R. I. & Shaw, L. L. (1995) *Writing ethnographic fieldnote.* Chicago, USA: University Of Chicago Press. (佐藤郁哉・好井裕明・山田富秋訳『方法としてのフィールドノート―現地取材から物語作成まで―』東京：新曜社, 1998).

Ernst, H. (2002) Success factors of new product development: A review of the empirical literature. *International Journal of Management Reviews*, Vol.4, Issue 1, pp.1-40.

Ettlie, J. E., Bridges, W. P. & O'Keefe, R. D. (1984) Organization strategy and structural differences for radical versus incremental innovation. *Management Science*, Vol.30, No.6, pp.682-695.

Flic, U. (1995) *Qualitative Sozialforschung.* Berlin, DEU: Rowohlt Verlag GmbH. (小田博志監訳・山本則子・春日常・宮地尚子訳『新版 質的研究入門―＜人間科学＞のための方法論―』東京：春秋社, 2011).

Gambardella, A., Giuri, P. & Luzzi, A. (2007) The market for patents in Europe. *Research Policy*, Vol.36, Issue 8, pp.1163-1183.

George, A. L. & Benett, A. (2005) *Case studies and theory development in the social sciences*. Cambridge, USA: MIT Press. (泉川泰博訳『社会科学のケーススタディ―理論形成のための定性的手法―』東京：勁草書房, 2013).

Gilbert, R. J. & Newbery, D. M. G. (1982) Preemptive patenting and the persistence of monopoly. *American Economic Review*, Vol.72, Issue 3, pp.514-526.

Griliches, Z. (1981) Market value, R&D, and patents. *Economics Letters*, Vol.7, Issue 2, pp.83-187.

Hara, T. (2003) *Innovation in the pharmaceutical industry: The process of drug discovery and development*. Camberley, UK: Edward Elgar Publishing.

Harhoff, D., Scherer, F. M. & Vopel, K. (2003) Citations, family ize, opposition and the value of patent rights. *Research Policy*, Vol.32, Issue 8, pp.1343-1363.

Henderson, R. M. & Clark, K. B. (1990) Architectural innovation: The reconfiguration of existing product technologies and the failure of established firm. *Administrative Science Quarterly*, Vol.35, No.1, pp.9-30.

Henderson, R. & Cockburn, I. (1994) Measuring competence? Exploring firm effects in pharmaceutical research. *Strategic Management Journal*, Vol.15, Issue S1, pp.63-84.

Higgins, M. J. & Rodriguez, D. (2006) The outsourcing of R&D through acquisitions in the pharmaceutical industry. *Journal of Financial Economics*, Vol.80, Issue 2, pp.351-383.

Johne, F. A. & Snelson, P. A. (1988) Success factors in product innovation: A selective review of the literature. *Journal of Product Innovation Management*, Vol.5, Issue 2, pp.114-128.

Krishnan, V. & Ulrich, K. T. (2001) Product development decisions: A review of the literature. *Management Science*, Vol.47, No.1, pp.1-21.

Latour, B. (1999) *Pandora's hope*. Boston, USA: Harvard University Press. (川崎勝・平川秀幸訳『科学論の実在―パンドラの希望―』東京：産業図書, 2007).

Leslie, S.W. (1980) Thomas Midgley and the politics of industrial research. *The Business History Review*, Vol.54, No,4, pp.480-503.

Lummis, T. (1987) *Listening to history: The authenticity of oral evidence*. London, UK: Hutchinson Education.

Merriam, S. B. (1988) *Case study research in education: A qualitative approach* (pp.6-7). Hoboken, USA: Jossey-Bass.

Mckinlay, J. B. (1995) Towards appropriate levels: Research methods and healthy public policies. In I. Guggenmoos-Holzmann, K. Bloomfield, H. Brenner & U. Flic (eds.), *Quality of life and health: Concepts, methods, and applications* (pp.161-182). Berlin, DEU: Basil Blackwell.

Montoya-Weiss, M. M. & Calantone, R. (1994) Determinants of new product performance: A review and meta-analysis. *Journal of Product Innovation Management*, Vol.11, Issue 5, pp.387-417.

Nishimura, J. Okada, Y., & Takatori, T. (2009) Drug pipelines and pharmaceutical licensing. *OPIR Research Paper Series*, No.45.

Nonaka, I. & Takeuchi, H. (1995) *The knowledge-creating company: How Japanese companies create the dynamics of innovation.* Oxford, UK: Oxford University Press. (梅本勝博訳『知識創造企業』東京：東洋経済新報社, 1996)

Orlikowski, W. J. (1992) The duality of technology: Rethinking the concept of technology in organizations. *Organization Science*, Vol.3, Issue 3, pp.398-427.

Pisano, G. P. (2006) *Science business: The promis, the reality, and the futrue of biotech.* Boston, USA: Harvard Business School Press (池村千秋訳『サイエンス・ビジネスの挑戦―バイオ産業の失敗の本質を検証する―』東京：日経BP社, 2008).

Polanyi, M. (1966) *The tacit dimension.* Gloucester, USA: Peter Smith. (高橋勇夫訳『暗黙知の次元』東京：ちくま学芸文庫, 2003)

Popper, K. R. (1959) *The logic of scientific discovery.* London, UK: Hutchinson & Co.. (大内義一・森博訳『科学的発見の論理（上）』東京：恒星社厚生閣, 1971年).

Simon, H. A. (1947) *Administrative behavior: A study of decision-making processes in administrative organization.* London, UK: Macmillan.

Simon, H. A. (1969) *The sciences of the artificial.* Boston, USA: MIT Press.

Simon, H. A. (1973) Dose scientific discovery have a logic? *Philosophy of Science*, Vol.40, No.4, pp.471-480.

Simon, H. A. (1979) *Models of thought* (1・2). New Haven, USA: Yale University Press.

Simon, H. A. (1983) *Reason in human affairs.* California, USA: Stanford University Press. (佐々木恒男・吉原正彦訳『意思決定と合理性』東京：文眞堂, 1987).

Simon, H. A. (1987) Making management decisions: The role of intuition and emotion. *The Academy of Management Executive*, Vol.1, No.1, pp.57-64.

Simon, H. A. (1996) *The sciences of the artificial* (3rd ed). Boston, USA: MIT Press. (稲葉元吉・吉原英樹訳『システムの科学［第3版］』東京：パーソナルメディア, 1999年)

Simon, H. A. (1997) *Administrative behavior: A study of decision-making processes in administrative organization* (4th ed). Boston, USA: MIT Press. (二村敏子・桑田耕太郎・高尾義明・西脇暢子・高柳美香訳『新版 経営行動―経営組織における意思決定過程の研究―』東京：ダイヤモンド社, 1997年).

Simon, H. A. & Newell, A. (1958) Heuristic problem solving: The next advance in operations research. *Operations Research*, Vol.6, No.1, pp.1-10.

Spradley, J. P. (1979) *The ethnographic interview.* New York, USA: Rinehart & Winston.

Starzl, T. E.（1992）*The puzzle people: Memoirs of a transplant surgeon.* Pittsburgh, USA: The University of Pittsburgh Press.（加賀乙彦監修・小泉摩耶訳『ゼロからの出発―わが臓器移植の軌跡―』東京：講談社, 1992）.

Thompson, P.（1994）Believe it or not: Rethinking the historical interpretation of memory. In J. Jeffrey & G. Edwall（Eds.）, Memory and history: Essays on recalling and interpreting experience（pp.1-16）. New York, USA: University Press of America, p.11.

Wilson, T. P.（1982）Quantitative "oder" qualitative methoden in der sozialforschung. *Kölner Zeitschrift für Soziologie und Sozialpsychologie*, Vol.34, pp.487-508.

Yow, V. R.（2005）*Recording oral history: A guide for the humanities and social sciences*（2nd ed）. Lanham, USA: Altamira Press.（吉田かよ子監訳／訳・平田光司・安倍尚紀・加藤直子訳『オーラルヒストリーの理論と実践―人文・社会科学を学ぶすべての人のために―』東京：インターブックス, 2011）.

Ziamou, P. L. and Ratneshwar, S.（2003）Innovations in product functionality: When and why are explicit comparisons effective? *Journal of Marketing*, Vol.67, No.2, pp.49-61.

青島矢一（1997）「新製品開発研究の視点」『ビジネス レビュー』Vol.45, No.1, pp.161-179。

アステラス製薬㈱（2007）「免疫抑制剤プログラフ（日本発☆世界のくすり）」『医療』Vol.61, No.9, pp.630-631.

阿部武司・平野恭平（2013）『繊維産業』（産業経営史シリーズ 3）日本経営史研究所。

伊丹敬之（2005）『場の論理とマネジメント』東洋経済新報社。

伊丹敬之（2009）『イノベーションを興す』日本経済新聞出版社。

井山弘幸・金森修（2000）『現代科学論―科学をとらえ直そう―』新曜社。

大滝義博・西澤昭夫（共編）（2003）『バイオベンチャーの事業戦略―大学発ベンチャーを超えて―』オーム社。

岡田猛・田村均・戸田山和久・三輪和久（1999）『科学を考える―人工知能からカルチュラル・スタディーズまで 14 の視点―』北大路書房。

尾崎弘之（2007）『バイオベンチャー経営論―医薬品イノベーションのマネジメント―』丸善株式会社。

掛札堅（2004）『アメリカ NIH の生命科学戦略』講談社。

加護野忠男（1988）『組織認識論―企業における創造と革新の研究』千倉書房。

加藤俊彦（1997）「方法論的視座から見た技術革新研究の展開と課題」『ビジネス レビュー』Vol.45, 1, pp.188-194。

加藤俊彦（1999）「技術システムの構造化理論―技術研究の前提の再検討―」『組織科学』Vol.33, No.1, pp.69-79。

金井一頼・角田隆太郎（編）（2002）『ベンチャー企業経営論』有斐閣。

金出武雄（2012）『独創はひらめかない―「素人発想，玄人実行」の法則―』日本経済新聞出版社。

川上智子（2005）『顧客志向の新製品開発—マーケティングと技術のインタフェイス—』有斐閣。

岸田民樹（2012）『経営学説史』有斐閣。

岸宣仁（2004）『ゲノム敗北—知財立国日本が危ない！—』ダイヤモンド社。

岸本忠三・中嶋彰（2009）『「抗体医薬」と「自然免疫」の驚異—新・現役免疫物語—』講談社。

京都大学大学院薬学研究科（編）（2007）『新しい薬をどう創るか』講談社。

桑嶋健一（1999）「医薬品の研究開発プロセスにおける組織能力」『組織科学』Vol.22, No.3, pp.88-104。

桑嶋健一（2002）「新製品開発研究の変遷」『赤門マネジメント・レビュー』Vol.1, No.6, pp.463-496。

桑嶋健一（2006）『不確実性のマネジメント　新薬創出のＲ＆Ｄの「解」』日経 BP 社。

後藤正治（1991）『甦る鼓動』講談社。

櫻井良祐・藤村修三（2008）「イノベーションを創造する人と組織—「シャープ技報」から分析した同社のイノベーションシステム—」『組織科学』Vol.42, No1, pp.15-25。

佐藤郁哉（2002）『組織と経営について知るための実践フィールドワーク入門』有斐閣。

佐藤健太郎（2010）『医薬品クライシス—78 兆円市場の激震—』新潮新書。

政策研究大学院大学（編）（2003）『石炭政策オーラル・ヒストリー』（C.O.E. オーラル・政策研究プロジェクト）政策研究大学院大学。

政策研究大学院大学（編）（2004）『村田昭（株式会社村田製作所名誉会長）オーラル・ヒストリー』（C.O.E. オーラル・政策研究プロジェクト）政策研究大学院大学。

DIAMOND ハーバード・ビジネス・レビュー編集部（編／訳）（2007）『意思決定のサイエンス』ダイヤモンド社。

武石彰・椙山泰生・三品和広（2010）「組織科学の足跡（1967-2009 年）—誰が，何を，どのように論じてきたのか—」『組織科学』Vol.44, No.1, pp.33-48。

塚崎朝子（2013）『新薬に挑んだ日本人科学者たち—世界の患者を救った創薬の物語—』講談社。

角田房子（1978）『碧素・日本ペニシリン物語』新潮社。

中内基博（2014）「技術者間における知識移転の促進要因—情報獲得者の観点から—」『組織科学』Vol.48, No.2, pp.61-73。

長瀬勝彦（2005）「意思決定と理由：なぜ意思決定に理由が必要とされるのか」『組織科学』Vol.39, No.1, pp.58-68。

日本バイオ経営士協会（編）（2004）『バイオベンチャーを成功に導くマネジメント—技術を事業にする人材—』日刊工業新聞社。

野中郁次郎・紺野登（1999）『知識経営のすすめ—ナレッジマネジメントとその時代—』ちくま新書。

野中郁次郎・勝見明（著）梅本勝博（訳）（2007）『イノベーションの作法—リーダーに学ぶ革新の人間学—』日本経済新聞出版社。

野中郁次郎・竹内弘高（著）梅本勝博（訳）（1996）『知識創造企業』東洋経済新報社。

原拓志（2003）「医薬品イノベーションの類型」『国民経済雑誌』Vol.187, No.2, pp.85-103。

原拓志（2004）「イノベーションと「説得」―医薬品の研究開発プロセス―」『ビジネス・インサイト』Vol.12, No.1, pp.20-33。

原拓志（2006）「企業における技術の形成―医薬品の事例―」『科学技術社会論研究』No.4, pp.43-53。

原拓志（2007）「研究アプローチとしての「技術の社会的形成」」『年報 科学・技術・社会』Vol.16, pp.37-57。

原田勉（1998）「研究開発組織における3段階のコミュニケーション・フロー―ゲートキーパーからトランスフォーマーへ―」『組織科学』Vol.32, No.2, pp.78-96。

原田勉（1999）『知識転換の経営学―ナレッジ・インクラクションの構造―』東洋経済新報社。

原田勉（2014）『イノベーション戦略の論理―確率の経営とは何か―』中公新書。

平井浩行（2002）『日米欧製薬企業のアライアンス ―主要企業にみるアライアンスの分野と形態―』（政策策研レポート No.4）医薬産業政策研究所。

開本浩矢（2006）『研究開発の組織行動―研究開発技術者の業績をいかに向上させるか―』中央経済社。

藤沢薬品工業㈱（編）（1995）『フジサワ100年史』藤沢薬品工業株式会社。

藤本隆宏（1998）『製品開発プロセスとそのマネジメント』研究・技術計画学会。

藤本隆宏（2002）「新製品開発組織と競争力―我田引水的文献サーベイを中心に―」『赤門マネジメント・レビュー』Vol.1, No.1, pp.1-32。

藤本隆宏・安本雅典（2000），『成功する製品開発』有斐閣。

藤本隆宏・安本雅典（編著）（2000）『成功する製品開発―産業間比較の視点―』有斐閣。

藤本隆宏・高橋伸夫・新宅純二郎・阿部誠・粕谷誠（2005）『リサーチ・マインド 経営学研究法』有斐閣アルマ。

本庶佑（2013）『ゲノムが語る生命像―現代人のための最新・生命科学入門―』講談社。

松田修一（監修）早稲田大学アントレプレヌール研究会（編）（1994）『ベンチャー企業の経営と支援』日本経済新聞社。

松田修一（1998）『ベンチャー企業』日本経済新聞社。

御厨貴（2002）『オーラル・ヒストリー―現代史のための後述記録―』中公新書。

御厨貴（2007）『オーラル・ヒストリー入門』岩波書店。

三崎秀央（2004）『研究開発従事者のマネジメント―慢性的な収益の病からどう抜け出すか―』中央経済社。

三品和広（2004）『戦略不全の論理』東洋経済新報社。

三品和広（2005）『経営は十年にして成らず』東洋経済新報社。

三品和広（2006）『経営戦略を問い直す』ちくま新書。

三品和広（2007）『戦略不全の因果』東洋経済新報社。

三品和広（2008）「基本戦略と利益成長―日本企業1013社の実証分析―」『国民経済雑誌』

第 197 巻第 3 号, 13-23 頁。

三品和広（2010）『戦略暴走—ケース 179 編から学ぶ経営戦略の落とし穴—』東洋経済新報社。

三品和広（2011）『どうする？日本企業』東洋経済新報社。

三品和広・三品ゼミ（2013）『リ・インベンション—概念のブレークスルーをどう生み出すか—』東洋経済新報社。

宮本又郎・加護野忠男・企業家研究フォーラム（編）(2014)『企業家学のすすめ』有斐閣。

森下芳和・川上裕（2005）『技術革新が医薬品開発に与える影響』（リサーチペーパー・シリーズ No.27）医薬品産業政策研究所。

山口栄一（2008）「パラダイム破壊型イノベーションとしての産業革命」『組織科学』Vol.42, No.1, pp.37-47。

山下道雄（2013）「タクロリムス（FK506）開発物語（生物工学基礎講座バイオよもやま話）」『生物工学』第 91 巻, 第 3 号, 141-154 頁。

山田英夫・遠藤真（1998）『先発優位・後発優位の競争戦略—市場トップを勝ち取る条件—』生産性出版。

人名索引

A–C

鯵坂六彌　68, 70, 74, 84
アリソン（Allison）, G. T.
　11, 16-18, 186
天谷忠弘　121
青木初夫　41, 69, 70, 74, 76,
　84-86, 88, 94, 96, 113, 115,
　116, 125, 133, 136, 147, 168,
　174-176, 178, 180-183, 189
有馬啓　61, 69, 71-74,
　172, 174
バーナード（Barnard）, C. I.
　12, 15, 16, 27
ボーム（Baum）, F.　32
ブロツ（Brotzu）, G.　78
チャンドラー（Chandler）, A. D.
　22

F–I

フレミング（Fleming）, A.　64
藤澤友吉　58, 60, 61, 63,
　66, 73, 79, 172
　177, 180, 189
藤澤友吉郎　56-60, 62,
　66, 67, 76, 84, 140,
　147, 152-155, 157,
　172-176, 180, 181,
　183-185, 189
福元英男　84, 113, 115, 117,
　118, 127, 148-152,
　178, 184
後藤正治　86, 96, 122, 123

後藤俊男　74, 84, 85, 88-91,
　96-99, 107, 125, 137,
　173, 174, 178, 181
原田勉　11, 19, 186, 188
早川三郎　58, 62, 79, 84, 138,
　155, 156, 172, 173, 180
平林忠雄　11, 22, 24, 25, 189
今中宏　63, 68, 70, 74, 75,
　86, 89, 92, 93, 96, 98,
　113, 116, 136, 140, 144,
　147, 157, 174-176, 178,
　180, 181, 183, 189

K–O

海津務　134
ケタリング（Kettering）, C. F.
　22
木野亭　71, 74, 89, 90,
　94, 95, 97-99, 102,
　104, 107, 178, 181
小林浩一　116, 139
小林正和　116, 132, 133,
　135, 145, 166
向阪正信　70, 98
レズリー（Leslie）, S. W.
　22, 28, 189
ラミス（Lummis）, T.　31, 33
マッキンリー（Mckinlay）, J. B.
　32
ミグリー（Midgley）, T.
　22, 189
御厨貴　33, 35
三品和広　i, 11, 23, 28, 177

村田昭　22, 24, 28, 189, 193
中原邦夫　99, 122
中野浩　62, 84, 138, 175, 176
西山道久　116, 133, 137, 138,
　154, 156, 157, 162,
　176, 181
落合武徳　47, 113, 120-122,
　125, 127, 140, 143,
　147, 162, 175, 182

S–U

坂口謹一郎　61, 69, 72, 73
酒井平一　47, 69-74, 174
サイモン（Simon）, H. A.　11,
　12, 14-16, 27, 185
スローン（Sloan）, A. P.　22
スプラッドリー（Spradley）, J. P.
　52
スターツル（Starzl）, T. E.
　47, 140-142, 152, 159-163,
　175, 179, 180, 182, 188
田村學造　71, 72
トンプソン（Thompson）, P.
　33
戸口延彦　176
角田房子　64
梅沢濱夫　61
アーウィック（Urwick）, L. F.
　14

W・Y

ウィルソン（Wilson）, T. P. 32
ヤウ（Yow）, V. R.　32, 34, 35

事項索引

あ行

青木のシード提案	183
アカデミア	4, 175
アッセイ(系)	96-98, 104
アッセイ方法の開発	132
アリセプト	6
一般毒性	179
インターフェロン	178
インターロイキン(IL-2)	
	98, 100, 108
——の阻害物質	167
オーラルヒストリー	
	8, 31, 33-36,
	43, 49, 174, 182

か行

化学構造の決定	109
ガスター	7
価値的判断	4, 180
——項目	45, 46, 171, 185
画期的新薬	39, 103
——第一号	148
肝臓移植	141
——患者	159
拒絶反応	159
クラビット	7
グローバル化	181
経口剤の開発	179
結晶化	109
血中濃度(の測定)	120,
	132, 179
研究指向領域(の決定)	
	182, 192
コア技術	4
コア人材の確保	4
高分子	92
合成	181
混合リンパ球反応	103

さ行

再現性の培養	108

シクロスポリン	88, 96, 98,
	107, 112, 115, 117, 121,
	129, 132, 141, 158, 184
自己免疫疾患	147
事実的判断	4, 180, 193
——項目	45-47, 185
自社開発	157
自社販売	157
質的調査	32
心臓移植	125
腎臓移植	140
スクリーニング	94, 95, 100,
	101, 195
——技術	186
——系	94, 100, 101, 116
——コミッティ(SC)	
	113, 115, 147,
	149-152, 175, 183
——体系(確立)	100, 103,
	104, 178, 194
——方法	94-95, 99
スミスクライン	154, 155
精製	109
セファゾリン	80
セファメジン	58, 75,
	77, 81, 83, 151,
	154, 159, 187
海外ライセンス	185
——チーム	76
——の開発	63, 187
——の合成	187
セファロスポリン	68,
	78, 80, 81
力価	106
——C	79, 187
——生産	80
セレンディピティ	188, 191
臓器移植	140
ソバルディ	40

た行

タクロリムス	33, 39-43,
	47, 48, 50, 51, 57, 58, 60,
	76, 81, 100-102, 107, 113,
	115-119, 132, 136, 138-140,
	147-153, 157-161, 164-168,
	175-178, 180, 181, 186, 188,
	194, 195
開発	150, 161, 181, 182
グローバル開発	
	152, 176, 184
シード(Seed)	113
——承認	178
——提案	113
投与量	165
発見	63, 73, 103, 104,
	108, 168, 181
——がグローバルに認知	
	175
——重要局面	182
——シンポジウム	164
——の海外自社開発・	
自社発売	153, 185
——の価値	181
——の菌	106
——の研究開発	182
——の試験	160
——の自社開発	164
——の至適投与量	161
——の事例(研究)	33, 182,
	193, 194
——の事例研究結果	185
——プロジェクトの始動	
	178
——を増量	160
——を投与	159
探索研究(所長)	119, 121, 134
抽出	109
筑波研究所	90, 94
低分子天然物	90, 174
天然物	92

事項索引

——タクロリムス 58
——探索 89
動物実験 162
ドナー 123

■■■■ な行 ■■■■

ナチュラルキラー細胞 173
ノカルディア -CWS 88

■■■■ は行 ■■■■

ハイスループットスクリーニ
ング（HTS） 195
発酵 92, 181
ピッツバーグ（大学） 48, 140,
152, 159-161,
175, 176, 179, 182
——での臨床治験開始 179
皮膚移植 125
ファンガード 39
プライマリー・トライアル
166
プログラフ 7, 39, 40
ブロックバスター 81

プロトコール 166, 176
ヘルシンキ国際移植学会
127-129, 140, 143,
164, 175, 188
ヘルベッサー 6
放線菌 85, 86, 103

■■■■ ま行 ■■■■

ミカファンギン 7, 39
メバロチン 6
免疫活性剤 88
免疫亢進 173, 183
免疫抑制（剤） 88, 173, 174,
183, 184

■■■■ や行 ■■■■

薬効評価 179

■■■■ ら行 ■■■■

ライセンス（アウト） 152-154,
157, 159, 176, 181, 185
ラジカット 7, 39
リンパ球混合培養反応 100

レシピエント 123
レスキュー・トライアル 166

■■■■ 欧文 ■■■■

FK156 84, 86, 95
FK565 84, 85, 115, 173,
175, 182, 183
FR900506 113
Go or No go 6, 51, 184, 192
——の判断 193
in vitro 111, 117, 166
in vivo 111, 117
Non-commercial IND 161,
162, 179
Phase0（P0） 116, 147, 149,
150, 165, 175, 178, 192
——開発期間 151
——承認 183
Phase1（P1） 51, 164, 192
Phase2（P2） 51, 127, 153,
166, 176, 184
Phase3（P3） 51, 164, 176, 184

■著者略歴

栗原道明（くりはら　みちあき）

1953 年 10 月 1 日生まれ　博士（経営学）

1982 年　慶應義塾大学大学院 経営管理研究科修士課程修了（MBA）。
　　　　　大手製薬会社に 30 数年勤務。その間，経営企画部門，医薬品事業企画，グローバルビジネス（海外駐在含む），アジア事業，生産，国内営業企画，流通，業界活動等幅広く経験。
　　　　　事業企画部長，国内子会社社長，営業本部副本部長，海外子会社副社長等を歴任。

2012 年　神戸大学大学院 経営学研究科博士後期課程に入学。博士後期課程に在籍する中，今までの製薬企業での経験とアカデミアでの研究を融合させ三品和広研究室で研鑽を積む。

2015 年　「経営者と医薬品研究開発－画期的新薬の実証研究を通じて－」の論文で学位を取得，神戸大学大学院　経営学研究科博士後期課程修了。

現在 IQVIA ソリューションズジャパン（旧 IMS ジャパン）企画渉外部長

愛知淑徳大学 非常勤講師，日本経営学会会員

■ 経営者と研究開発─画期的新薬創出の実証研究─

■ 発行日──2018 年 9 月 6 日　　　初版発行　　　　〈検印省略〉

■ 著　者──栗原 道明

■ 発行者──大矢栄一郎

■ 発行所──株式会社 白桃書房
　　　　　　〒 101-0021　東京都千代田区外神田 5-1-15
　　　　　　☎ 03-3836-4781　FAX 03-3836-9370　振替 00100-4-20192
　　　　　　http://www.hakutou.co.jp/

■ 印刷・製本──三和印刷

ⓒ Michiaki Kurihara 2018　Printed in Japan
　ISBN978-4-561-26714-0　C3034
本書のコピー，スキャン，デジタル化等の無断複製は著作権法上での例外を除き禁じられています。本書を代行業者等の第三者に依頼してスキャンやデジタル化することは，たとえ個人や家庭内の利用であっても著作権法上認められておりません。

JCOPY <㈱出版者著作権管理機構 委託出版物>
本書の無断複写は著作権法上での例外を除き禁じられています。複写される場合は，そのつど事前に，（社）出版者著作権管理機構（電話 03-3513-6969，FAX03-3513-6979，e-mail: info @ jcopy. or. jp）の許諾を得てください。
落丁本・乱丁本はおとりかえいたします。

好 評 書

経営学への招待 第3版

坂下昭宣著

経営学は幅広くて奥の深い，それでいてとても身近な学問である。企業の経営現象は，ある意味で現代社会そのものであるという視点に立って，これから経営学を学ぼうとする人々にわかりやすく解説した入門書の第3版。

本体価格 2600 円

技術システムの構造と革新
―方法論的視座に基づく経営学の探究

加藤俊彦著

新たな技術の発展過程を分析対象として，「経営現象における革新とは何か」「革新をめぐる過程の全体像とはいかなるものか」という〈革新〉の本質を考察。経営学における方法論の深層の問題にまで立ち返り，根源的な検討を加える。

本体価格 4400 円

日本のバイオイノベーション
―オープンイノベーションの進展と医薬品産業の課題

元橋一之編著

バイオ技術の進歩，薬事法，知的財産改革，国立機関・国立大学の法人化――。これらの変化は，日本の医薬品産業のイノベーションシステムをどう変えるのか？　気鋭の研究者たちが定量分析により，その実態を明らかにする！

本体価格 3800 円

組織文化とリーダーシップ

E.H. シャイン著　梅津祐良・横山哲夫訳

組織文化はメンバーに共有された前提としてその組織に深く入り込んでいるが，組織において果たす役割とは何か。組織文化創造と変革，そのマネジメントのダイナミックなプロセスがリーダーの任務とともに明らかにされる。

本体価格 4000 円

白桃書房

本広告の価格は税抜き価格です。別途消費税がかかります。